문화예술교육사업과
파트너십

문화예술교육사업과
파트너십

1판 1쇄 인쇄 2007년 7월 14일
1판 1쇄 발행 2007년 7월 23일

지은이 임학순
펴낸이 이찬규
펴낸곳 북코리아

기 획 한국문화예술교육진흥원
135-873 서울특별시 강남구 삼성1동 108-5
www.arte.or.kr contact@arte.or.kr
02-6209-5900

등 록 제03-01240호
주 소 서울시 마포구 공덕2동 173-51
전 화 02-704-7840
팩 스 02-704-7848
이메일 sunhaksa@korea.com
홈페이지 www.ibookorea.com

값 10,000원
ISBN 978-89-92521-21-5(93300)

* 이 책은 문화예술교육 정책사업을 위한 국고보조금과 복권기금 수익금으로 만들어졌습니다.

이 도서의 국립중앙도서관 출판시도서목록
(CIP)은 e-CIP 홈페이지(http://www.nl.go.kr/cip.php)에서 이용하실 수 있습니다.
(CIP제어번호: CIP2007002158)

문화예술교육사업과 파트너십

임학순 저

북코리아

문화예술교육이 아마추어예술의 경계를 넘어 학교현장으로 그리고 장애자, 노인, 사회취약계층이 생활하는 삶의 현장으로 다가가고 있다. 문화예술교육은 이제 문화예술의 기법을 전달하는 지식교육에서 머물지 않고, 삶을 성찰하고, 표현하며, 함께 소통하는 삶의 미디어로서 그 가치를 발현하고 있다. 문화예술교육은 학습자로 하여금 창의적이고 소통적인 삶을 영위할 수 있는 주체로 거듭날 수 있는 변화의 판을 제공할 수 있다는 점에서 수동적인 문화소비 활동과는 다르다. 이런 의미에서 문화예술교육사업은 국민들의 주체적이고 창조적인 문화생활을 추구하는 문화민주주의 이념과 밀접하게 연관되어 있다고 할 수 있다.

이러한 문화예술교육사업이 성공적으로 추진되기 위해서는 교육대상 집단을 바람직한 방향으로 변화시키기 위한 교육과정체계가 정립되어야 하며, 이러한 체계를 효과적으로 관리하기 위한 기획과 경영체계가 갖춰져야 한다. 이를 위해서는 교육과정의 전문화를 위한 학제간 연구개발 환경이 뒷받침되어야 하며, 문화예술교육사업을 운영하는 데 필요한 자원을 확보하여 체계적으로 관리할 필요가 있다. 문화예술교육사업 관련기관 및 단체들간의 파트너십과 협력네트워크는 이러한 문화예술교육사업의 기반으로 작용한다.

다른 한편으로 문화예술교육 파트너십은 문화예술교육 프로그램이 다양화 · 전문화됨에 따라 그 수요가 한층 더 확대될 것으로 전망된다. 또한 문화예술교육의 대상집단이 지역주민 뿐 아니라 학생, 노인, 장애자, 이주노동자, 여성, 사회취약계층 등으로 다양해짐에 따라 교육대상집단의 특성에 맞은 교육과정을 운영하기 위해서는 교육대상집단과 관련 있는 기관 및 단체들의 협력이 더욱 필요해지고 있다. 예컨대, 정부에서 2005년부터 실시하고 있는 '학교와 지역사회연계 문화예술교육사업' 과 '사회취약계층 문화예술교육사업' 은 문화예술교육분야, 문화예술분야, 교육분야, 사회복지분야의 기관 및 단체들이 함께 참여하여 문화예술교육 파트너십을 형성하는 기회를 제공했다는 점에서 의미가 있다. 또한 이러한 문화예술교육사업들은 파트너십과 네트워크를 구축하는 일이 사업의 효과성을 증진하고, 바람직한 파급효과를 창출하는데 매우 중요하다는 점을 인식하는 계기를 마련해 주었다.

그러나 문화예술교육사업이 이루어지고 있는 일선인 지역현장에서는 이러한 파트너십을 구체적으로 실천하기 위한 접근전략과 방법은 아직 정립되지 못하고 있는 실정이다. 그 결과, 문화예술교육사업을 관리하는 사업주관기관의 역량이나 지방자치단체의 의지에 따라 문화예술교육 파트너십의 구축수준은 그 격차가 크게 나타나고 있다. 또한 파트너십은 문화예술교육사업의 기획, 집행, 평가 등 사업과정 전반에 걸쳐 구축되어야 하는데, 아직까지는 부분적으로 이루어지는 경향이 많다. 문화예술교육 인력에 대한 교육 및 연수과정에서도 파트너십의 구축을 위한 실천력을 함양하기 위한 교육체계가 정립되어 있지 않은 실정이다.

이런 맥락에서 이 책은 현재 문화예술교육사업의 기획, 경영 인력으로 참여하고 있는 문화예술교육의 관리자들이 파트너십을 구축하고, 문화예술교육사업의 성과를 체계적으로 관리하기 위하여 고려하여야 할 요인들을 탐색하는 데 초점을 두었다. 이 책은 문화예술교육정책사업의 개념과 특성, 문화예술교육 파트너십의 필요성과 구축요인, 문화예술교육 파트너십 구축을 위한 길라잡이, 문화예술교육사업의 성과관리 등 네 부분으로 구성되어 있다.

제1장 '문화예술교육사업이란 무엇인가' 에서는 문화예술교육사업의 개념, 특성, 목적, 가치, 유형, 경영체계 등을 고찰함으로써 문화예술교육사업의 관리과정과 구조를 파악할 수 있도록 구성하였다.

제2장 '문화예술교육과 파트너십' 에서는 문화예술교육 파트너십의 개념과 중요성, 그리고 파트너십 수요를 살펴보고, 파트너십 구축에 영향을 미치는 요인들에 대해 기존의 이론적 논의를 분석하여 제시하였다. 그리고 현재 우리나라 문화예술교육정책사업의 파트너십 구축실태를 진단하고, 향후의 발전방향에 대해 논의하였다.

제3장 '문화예술교육 정책사업 파트너십 구축의 길라잡이' 에서는 문화관광부와 한국문화예술교육진흥원이 2005년부터 추진하고 있는 '학교와 지역사회연계 문화예술교육사업' 과 '사회취약계층 문화예술교육사업' 을 중심으로 파트너십을 체계적으로 구축하기 위한 14개의 길라잡이를 제시하였다.

제4장 '문화예술교육 정책사업의 성과관리 길라잡이'에서는 문화예술교육사업을 추진하는데 있어서 성과관리의 개념과 중요성을 살펴보고, 성과관리를 체계적으로 추진하는데 활용될 수 있는 15개의 길라잡이를 제시하였다.

이 책은 이론적 논의뿐 아니라 지역현장에서 문화예술교육사업을 실천하고 있는 문화예술교육 관리자들의 경험에 의존하였다. 특히 2005년에 '학교와 지역사회연계 문화예술교육사업에 대한 평가연구' 사업과 2006년에 '사회취약계층 문화예술교육사업에 대한 평가연구' 사업을 진행할 때, 현장경험을 진솔하게 말씀해 주신 문화예술교육 관리자 및 강사분들에게 감사드린다. 그리고 이러한 평가연구사업에 참여해주신 평가위원 여러분들과 공동연구자분들에게도 감사드린다. 또한 이 책의 초고를 자세하게 읽어주시고 자문해주신 한국문화예술교육진흥원의 기영준, 서민정, 김태연, 김서정님에게도 깊이 감사드린다. 아울러, 이 책의 원고작성을 위한 연구활동을 해주신 한국문화예술교육진흥원의 김주호 원장님께 깊이 감사드린다.

췌장암으로 심한 고통을 받고 있는 가운데에서도 아들의 건강과 장래를 위해 간절히 기도해주시고 삶의 의미를 일깨워주시는 아버지와 고단한 삶의 역경 속에서도 따뜻하고 아름다운 소망의 소중함을 가르쳐주시는 어머니께 이 책을 바친다. 미란, 국희, 소진, 병현이에게도 고마움을 전한다.

2007년 6월 25일
임 학 순

contents

contents

제 3 장 문화예술교육 정책사업 파트너십 구축의 길라잡이

제 4 장 문화예술교육 정책사업의 성과관리 길라잡이

Chap . 1

문화예술교육사업이란 무엇인가

1 문화예술교육사업의 개념과 특성

2 문화예술교육사업의 목적

3 문화예술교육사업의 유형

4 문화예술교육사업의 경영체계

1. 문화예술교육사업의 개념과 특성

1. 문화예술교육에 대한 정책적 관심의 증가

문화예술교육의 사회문화적 가치가 확대되고, 문화예술교육 수요가 다양해지면서 문화예술교육에 대한 정책적 관심 또한 커지고 있다. 문화예술교육정책은 창의성과 문화민주주의 차원뿐 아니라 아마추어예술과 지역사회예술(community arts) 차원에서 중요하게 부각되고 있다[1]. 이러한 문화예술교육정책은 미국, 영국, 독일뿐 아니라 우리나라에서도 중요하게 고려되고 있다.

미국의 문화예술진흥기관으로 1965년에 설립된 NEA(National

1 Hutchison R. & Feist A.(1991). *Amateur Arts in the UK*. Policy Studies Institute.

Endowment Agency)는 '예술교육(arts education)' 이란 용어를 사용하여 '예술교육' 을 '예술의 발전' 및 '예술접근성 증진' 과 함께 문화정책의 핵심과제로 설정하고 있다. NEA는 예술이 아동 및 청소년교육의 가장 기초적인 것이라는 인식을 바탕으로 예술교육을 통해 예술에 대한 인식능력뿐 아니라 창의적이고 문화적인 인격체로 성장할 수 있도록 하기 위하여 예술교육사업을 추진하고 있다. NEA는 1960년대 후반부터 주예술기관(State arts Agencies)의 예술교육프로그램을 지원하고 있다. NEA는 현재 아동과 청소년을 위한 예술교육사업과 교사, 예술가, 행정가들의 전문성을 향상시키기 위한 예술교육사업을 추진하고 있다. 이러한 NEA의 예술교육사업은 학교기반 예술교육사업과 지역사회기반 예술교육사업으로 구분된다.

미국에서는 1990년대 중반이후 장르중심의 예술교육(arts education)을 넘어서는 '교육 안의 예술(arts in education)' 에 대한 논의가 활발해져 왔다. '교육 안의 예술' 이라는 개념은 논자에 따라 다양한 접근이 있기는 하지만 음악, 미술 등 장르별 예술교육 개념에서 탈피하여 언어, 역사, 지리, 사회 등 다른 교과목을 포함한 다양한 교육내용과 예술교육의 통합적 접근가능성에 주목하고 있다. 아울러 예술 그 자체에 대한 이해와 감상을 넘어서 예술이라는 매체를 통해 또 다른 교육적 목적, 즉 창의적인 문제해결능력의 배양, 개인의 삶에 대한 반성적 성찰, 사회와 역사에 대한 올바른 이해, 공동체 의식의 함양 등을 지향하고 있다.[2]

영국의 경우, 지역예술센터(Arts Centre)에서 지역주민들을 위한 예술교육사업을 운영하고 있으며, 최근에는 학교의 예술교육사업을 중요한 정책으로 추진하고 있다. 영국의 지역예술센터들은 제2차 세계대전 이후 문화분권 차원에서 지역에 설립되기 시작하였으며, 설립 초기부터 지역주민들의 예술활동의 발전을 중요한 목적으로 추구하였다.[3] 이러한 지역예술센터는 1970년대에 '지역사회', '실험', '참여' 등을 강조하면서 문화민주주의 차원에서 소외계층에 대한 관심을 강화하였다.[4] 영국은 최근에 학교와 예술가의 연계를 기반으로 'Creative Partnership' 프로그램을 운영하고 있다. 이 사업은 학생들에게 예술교육의 기회를 제공할 뿐 아니라 참여하는 예술가들에게는 새로운 활동영역을 제공하고 있다.

독일의 경우에는 '문화교육'이란 용어를 사용하여 문화교육의 영역을 미국과 영국에 비해 예술뿐 아니라 문화 전반에 관한 것으로 포괄하고 있다. 1988년에 독일문화협회와 문화교육진흥협회가 발간한 『문화교육을 위한 개념*(Concept for Cultural Education)*』에 따르면, 문화교육은 의사소통 역량을 증진하고, 비판적인 인식능력과 미디어 이해능력을 개발하는 것을 의미한다. 이런 의미에서 문화교육은 지적 지식만을 강조하는 교육의 일면성을 극복

2 용호성(2007), "문화예술교육정책에서 효과적인 거버넌스(governance) 모형에 대한 연구," 경희대학교 대학원 공연예술학과 박사학위논문, p.20.

3 Campass Partnership(1996), *The Art of Flexibility : Art Centres in the 1990s.*

4 Lane, J.(1978), *Arts Centres: Every Town Should Have One*, Paul Elek Ltd.

하고, 점차 확장되고 있는 여가생활에 대응하는 역할을 수행할 수 있다.[5]

프랑스는 2000년에 '문화와 예술을 위한 5개년 계획'에서 '모두를 위한 문화예술교육'을 중요한 정책과제로 발표한 바 있다. 이와 관련하여 4가지 중요한 목표가 제시되었는데, 그 목표는 ① 사회적 · 문화적 · 지역적 불평등 해소, ② 문화적 유산과 창의적 활동 간의 균형, ③ 예술영역에서의 다양성, ④ 유아교육부터 대학교육까지의 연속성 확보 등이다. 또한 프랑스는 2005년에 교육부 장관과 문화교류부 장관이 공동으로 문화예술교육정책을 발표한 바 있는데, 여기에서 제시된 문화예술교육정책의 방향은 ① 문화예술교육에 있어 국가의 역할을 증대하고 지자체 등 관련된 기관과의 협조전략을 개발, ② 문화예술교육을 담당할 인력에 대한 향상된 훈련, ③ 박물관, 문화센터 등 문화관련기관의 활용제고, ④ 사회의 새로운 구도에 대한 이해제고 등이다.[6]

한편 우리나라에서는 예술교육과 문화교육을 명확하게 구분하지 않은 상태에서 예술교육, 문화교육, 문화예술교육이라는 용어가 혼재되어 사용되고 있다.[7] 우리나라에서 예술교육에 관한 학문적 논의는 미술, 음악, 무용 등과 같이 주로 예술장르별 교육과 전문예술가를 양성하는 것에 대한 논의를 중심으로 이루어지는

---

5 한국문화관광정책연구원 옮김(1994), 『문화교육을 위한 개념』.
6 문화관광부(2005), 『문화예술 인력정책 기반구축을 위한 기초연구』, p.68.
7 한국문화관광정책연구원(2004), 『문화예술교육 중장기 발전방안 연구』.

경향이 있다. 이에 비하여 정책현장에서는 '문화예술교육'이라는 용어를 사용하여 문화예술, 문화산업, 문화재, 생활문화 전반을 포괄하는 광의의 개념으로 이해하고 있으며, 주로 예술교육에 대한 접근성(access)을 증진하고, 모든 국민의 창의력을 함양하는 데 초점을 두고 있다. 예컨대, 2005년도에 제정된 문화예술교육지원법에 따르면 문화예술교육은 문화예술, 문화산업, 문화재를 교육내용으로 하거나 교육과정에 활용하는 교육을 의미하는 것으로 규정함으로써 교육내용을 광범위하게 설정하고 있다. 또한 이 법은 제3조에서 '문화예술교육은 모든 국민의 문화예술 향유와 창조력 함양을 위한 교육을 지향한다'고 문화예술교육의 기본원칙을 선언하고 있다.

2. 문화예술교육사업의 개념

이 책에서는 문화예술교육사업의 개념을 "공공부문과 민간부문의 조직들이 문화예술교육의 목적을 달성하기 위하여 기획, 개발하여 교육대상 집단에게 전달하는 활동들의 체계를 의미하는 것"으로 정의하였다. 이러한 개념정의에는 다음과 같은 문화예술교육사업의 속성이 내포되어 있다.

첫째, 문화예술교육사업의 주체는 정부와 공공부문의 조직들뿐 아니라 민간비영리조직, 자발적 조직, 민간기업 등 다양하다. 정부와 공공부문이 기획하거나 재정을 지원하는 문화예술교육사업인 경우에도 사업을 운영하는 조직은 공공부문에서 민간부문에 이르기까지 다양할 수 있다. 정부는 이러한 민간비영리조직들을 정책파트너로 활용하여 문화예술교육사업을 실행하는 경우가 많기 때문이다.

둘째, 문화예술교육사업은 문화예술교육의 목적을 달성하기 위하여 기획 · 개발된 사업이라는 점이다. 문화예술교육사업은 달성하고자 하는 바람직한 사업목표를 가지고 있는 데, 이러한 목표는 문화예술교육사업의 특성에 따라 다양하다고 할 수 있다. 일반적으로 정부와 공공부문이 추진하는 문화예술교육사업인 경우에는 국민들에게 문화예술교육을 체험할 수 있는 기회를 증진함으로써 국민들을 바람직한 방향으로 변화시키는데 초점을 두고 있다. 여기에서 바람직한 변화의 내용은 문화적 감수성과 창의성, 그리고 사회적 소통역량의 함양 등을 들 수 있는데, 구체적인 목적은 교육대상집단의 특성과 문화예술교육사업의 특성에 따라 달라질 수 있다.

셋째, 문화예술교육사업은 교육대상집단을 설정하고, 이들에게 문화예술교육을 실시하는 실천적 행위라고 할 수 있다. 문화예술교육사업의 대상집단은 일반국민에서부터 학생, 여성, 장애자, 노인, 사회취약계층 등에 이르기까지 다양하다. 이러한 교육대상집단의 특성은 문화예술교육사업의 교육목적과 교육내용 및 방법에 상당한 영향을 미친다.

넷째, 문화예술교육사업은 문화예술교육사업을 기획 · 집행 ·

평가하는 일련의 활동으로 구성되며, 이 과정에서 지원자, 기획자, 교육사업의 관리자, 학습자, 강사, 교육매개자, 지방자치단체, 교육청, 사회복지기관 등 다양한 행위자들의 상호작용이 이루어진다.

3. 문화예술교육사업의 특성

1) 교육프로그램의 다양성과 타 영역과의 융합

문화예술교육사업을 '문화예술을 교육하는 사업'으로 인식할 것인지, 아니면 '문화예술을 활용한 교육사업'으로 인식할 것인가에 따라 문화예술교육사업의 목적과 내용은 상당히 다르다. 문화예술교육사업을 '문화예술을 교육하는 사업'으로 인식하는 경우에는 문화예술의 전문인력을 양성하는 데 초점을 둔 경우와 국민들의 문화예술에 대한 인식역량을 증진하는 데 초점을 두고 있다. 대학에서의 예술교육은 문화예술의 전문인력을 양성하는 데 초점을 둔 문화예술교육의 대표적인 사례라고 할 수 있다. 지역주민들을 대상으로 문화예술 체험기회를 제공하는데 초점을 둔 문화예술교육사업이나 지역주민들의 아마추어예술 활동을 촉진하기 위한 문화예술교육사업은 국민들의 문화예술에 대한 인식역량을 증진하기 위한 문화예술교육사업의 범주에 포함된다고 할 수 있다. 이와 같이 '문화예술을 교육'하는 문화예술교육사업의 내용은 문화예술의 창작, 유통, 소비 등 문화예술에 관한 것으로 문화예술의 장르와 형식에 따라 그 내용은 다양하다고 할 수 있다.

문화예술교육사업을 '문화예술을 활용한 교육사업'으로 이해하는 경우에는 문화예술을 목적이 아니라 수단으로 활용하는 것을 의미한다. 문화예술은 문화예술교육사업에서 교육소재로서의 의미뿐 아니라 교육방법으로서의 의미를 모두 내포하고 있다. 교육소재로서 문화예술의 범위에는 순수예술뿐 아니라 전통문화와 문화산업이 모두 포함된다. 그리고 교육방법으로서의 문화예술은 문화예술의 창작과정과 구조 및 방법에 바탕을 둔 것이다. 문화예술교육 대상집단은 이러한 '문화예술을 활용한 교육사업'에 참여함으로써 문화적 감수성, 창의성, 사회성 등을 함양할 수 있는 기회를 갖게 될 것이다. 이와 같이 문화예술을 '접근방법'으로 이해할 경우에는 문화예술교육사업의 소재는 문화예술뿐 아니라 생태환경, 도시공간, 생활문화, 학교교육 등 다양할 수 있다. 예컨대, 문화예술교육사업의 관리자는 생태환경을 문화예술로 재구성하여 교육대상 집단을 문화적 감수성, 창의성, 사회성 등의 차원에서 바람직한 방향으로 변화시키는 활동을 추구할 수 있다.

한편 문화예술교육사업은 교육대상의 집단이 누구인가에 따라 교육내용과 관련영역이 다양하게 나타날 수 있다. 정부에서 2005년부터 추진하고 있는 '학교와 지역사회연계 문화예술교육사업'은 문화예술 전문가들이 학교에서 학생들을 대상으로 교육과정을 운영한다는 점에서 문화예술교육과 학교교육이 연계된 대표적인 사례라고 할 수 있다. 문화예술교육 영역과 사회복지 영역이 연계된 대표적인 문화예술교육사업으로는 정부가 2005년부터 추진하고 있는 '사회취약계층 문화예술교육사업'을 들 수 있다. 사회취약계층 문화예술교육사업의 교육대상은 장애자, 공부방어린이, 노인, 여성 등 사회복지영역과 밀접하게 연관되어 있다. 이와 같이 문화예술교육의 대상집단이 다양화되고 전문화됨에 따라 문화예술교육사업을 성공적으로 운영하기 위한 학제적 접근수요 또한 지속적으로 확대되고 있다.

2) 전문기획 및 추진체계

문화예술교육사업은 문화예술교육사업의 기획, 집행, 평가, 환류에 이르는 전 과정에서 전문적인 지식을 필요로 하기 때문에 이러한 사업을 효과적으로 추진할 수 있는 전문인력을 갖출 필요가 있다. 문화예술교육사업을 성공적으로 수행하는 데 필요한 전문인력은 크게 문화예술교육의 관리자와 문화예술교육의 강사로 구분할 수 있다.

문화예술교육의 관리자는 문화예술교육 프로그램을 분석 · 기획 · 개발 · 경영하는 전문인력으로 문화예술교육 프로그램의 실질적 관리자라고 할 수 있다. 이러한 문화예술교육의 관리자는 문화예술교육에 대한 전문성뿐 아니라 자원관리, 마케팅, 파트너십 구축, 사업모니터링 및 평가 등 사업경영에 대한 전문성을 갖추어야 한다. 문화예술교육의 관리자는 또한 교육대상집단의 특성, 문화예술교육 프로그램의 특성, 자원의 수요와 공급체계, 교육과정의 이론적 수준 등을 종합적으로 분석하여 교육성과를 증진하기 위한 리더십 역량을 갖출 필요가 있다.

문화예술교육의 강사는 교육대상자들에게 직접 문화예술교육을 실시함으로써 학습효과에 가장 중요한 영향을 미치는 인력이라고 할 수 있다. 문화예술교육사업은 교육내용과 교육방법이 정립되어 있지 않은 경우도 많다. 그리고 문화예술교육사업은 교육과정이 정립되어 있는 경우에도 교육대상집단의 특성이나 교육현장의 특성에 따라 신축적으로 운영될 필요가 있기 때문에 강사의 역할은 매우 중요하다. 이러한 강사들은 학습자들에게 교육을 실시할 뿐 아니라 교육프로그램을 기획하는 과정에서도 중요한 역할을 수행할 수 있다.

한편 문화예술교육사업을 추진하고 있는 사업조직은 문화예술의 교육관리자나 강사만으로는 문화예술교육사업을 성공적으로 운영하는 데 필요한 지식정보의 수요를 충족할 수 없다. 문화예술교육과 관련된 전문가 및 전문단체들과의 지속적인 협력관계를 구축하는 일은 문화예술교육사업조직의 전문성을 증진하는 데 매우 중요하다. 또한 문화예술교육의 지식정보관리시스템을 구축하거나 이미 구축된 시스템을 활용하는 일도 문화예술교육사업조직의 전문성을 증진하는 데 매우 중요하다.

3) 자원관리체계

문화예술교육사업은 자원(resources)관리체계를 갖추어야 한다. 문화예술교육사업이 운영되기 위해서는 재정, 인력, 지식과 정보, 시설과 기자재 등의 자원을 필요로 한다. 사업주관기관은 문화예술교육 프로그램을 운영하는 데 있어서 자원이 어느 정도 필요하고, 이러한 자원을 확보하고 체계적으로 관리하기 위한 방법이 무엇인지에 대해 이해해야 한다. 또한 사업주관기관은 자원을 확보하고 관리하는 데 있어서 내부역량이 어느 정도인지 진단하고, 자체적으로 해결하기 어려운 부분에 대해서는 외부 환경조직들과의 협력네트워크를 통해서 해결할 것인지에 대해 전략을 개발해야 한다.

4) 문화거버넌스 체계

문화예술교육사업은 정부나 시장만으로는 한계가 있으며, 정부, 비영리부문(nonprofit sector), 자발적 부문(voluntary sector), 민간부문의 협력네트워크를 필요로 한다.[8] 문화예술교육사업은 교육현장에서 강사와 교육대상집단의 상호작용을 바탕으로 사업성과가 산출되기 때문에, 현장성을 확보해야 할 뿐 아니라 고도의 전문성을 필요로 하는 영역이기 때문에, 정부조직만으로는 효과적으로 운영되기 어렵다. 또한 문화예술교육사업은 시장실패가 존재하는 영역이기 때문에, 문화예술교육사업에 필요한 자원을 시장에서 확보하는 데 한계가 있다. 준정부조직과 비영리조직들이 문화예술교육사업에 지원자 또는 사업수행자로 참여하고 있는

8 Jae Moon, M.(2001), "Cultural Governance: A Comparative Study of Three Cultural Districts," *Administration & Society*, 33(4), pp.432~454.

것은 이러한 이유 때문이라고 할 수 있다. 이러한 문화거버넌스의 형태는 문화예술교육사업의 특성과 맥락에 따라 다양하며, 공식적인 측면과 비공식적인 측면을 모두 내포하고 있다.

또한 문화예술교육사업은 협업작업을 필요로 하는 팀 프로젝트라고 이해할 수 있다. 문화예술교육사업을 관리하는 프로젝트 관리자(project manager)는 프로젝트 업무에 대한 기획 및 사업계획을 수립할 뿐 아니라 실제로 일상 속에서 프로젝트를 관리하고 집행하는 전문인력을 의미한다. 프로젝트 관리자는 프로젝트 관리과정에서 사업조직 내부의 관련부서 및 인력들과의 협력을 확보해야 할 뿐 아니라 문화예술교육사업 관련 환경조직들과의 협력관계를 구축해야 한다. 프로젝트 관리자는 다른 사람 및 다른 조직과 효과적으로 작업할 수 있는 공동협력의 작업지식과 역량을 갖출 필요가 있다. 특히 문화예술교육사업은 다양한 고도의 전문성을 필요로 하는 분야이기 때문에 프로젝트 관리자 개인이 이러한 전문성을 모두 갖추는 데 한계가 있다. 이런 의미에서 프로젝트 관리자는 다양한 분야의 전문가와 조직과 협력네트워크를 구축하여 시너지를 창출해야 한다.

2. 문화예술교육사업의 목적

1. 문화민주주의와 문화예술교육

문화민주주의는 모든 사람들이 문화활동에 주체적이고 창의적으로 참여할 수 있는 문화복지(cultural welfare)환경을 조성하는 데 초점을 두고 있다.[9] 지역사회의 아마추어예술을 활성화하여 지역주민들이 예술창작활동에 주체적으로 참여할 수 있는 기반을 조성하는 정책사업은 이러한 문화민주주의 이념과 밀접하게 연관되어 있다.[10] 이런 의미에서 문화민주주의는 주로 고급문화예술을

9 김경욱(2003), "문화민주주의와 문화정책에 대한 새로운 시각," 『문화경제연구』 제6권 2호, pp.31~51

보다 많은 국민들에게 보급 · 확산하는 데 초점을 둔 '문화의 민주화(democratization of culture)' 와는 다르다고 할 수 있다. '문화의 민주화' 가 문화소비자를 수동적으로 이해하고, 문화의 확산(diffusion of culture)을 강조한 반면, '문화민주주의' 는 문화소비자를 능동적으로 이해하고, 문화복지의 질적 측면을 강조하고 있기 때문이다.

랑스테드(Jorn Langsted)는 문화의 민주화를 '모든 사람을 위한 문화' 라고 정의한 반면 문화민주주의에 대해서는 '모든 사람에 의한 문화' 라고 문화수용자의 주체적 측면을 강조하고 있다.[11] 문화민주주의에 초점을 둔 문화정책은 새로운 문화소비자를 개발할 뿐 아니라 문화소비자를 문화생산자로 변화시킬 수 있다는 점에서 문화의 자생력을 증진하는 기반이 될 수 있다. 문화민주주의 이념은 문화의 민주화이념에 비해 문화의 다양성(plurality of cultures)을 강조하며, 개인들의 다양한 아마추어 문화활동을 중요하게 여긴다.

이러한 문화민주주의 시각은 학습활동을 학습자의 적극적이고 능동적인 참여 차원에서 인식하는 LPP이론과 밀접하게 연관되어 있다. LPP(legitimate peripheral participation)이론에서는 학습활동을

---

10 Hutchison, R. & Feist A.(1991), "Amateur Arts in the UK," *Policy Studies Institute*, pp.1~17.

11 Langsted J.(1990), "Double Strategies in a Modern Cultural Policy," *The Journal of Arts Management and Law*, Vol.4, No.4, pp.16~18.

동적이며 창조적인 활동으로 이해하고 있다. 학습활동은 단순히 기존의 전문지식을 수용하는 것에 머물지 않고, 적극적으로 필요한 지식과 기술 및 문화를 획득할 뿐 아니라 창조하는 것을 의미한다. 그리고 학습활동은 학습자가 실천의 공동체(community of practice)에 참여하는 것을 의미한다. 여기서 실천의 공동체란 사람들간의 그리고 활동들간의 관계구조를 의미한다. 학습자는 이러한 참여를 통하여 정체성을 확보할 수 있다.[12]

문화예술교육정책은 문화예술교육을 통하여 국민들 스스로 창조적인 문화활동을 할 수 있는 여건을 제공할 수 있다는 점에서 문화민주주의 이념을 실천하기 위한 전략이라고 할 수 있다. 이와 관련하여 문화예술교육정책은 교육대상집단의 다양한 선호와 수요를 고려하여 기획 · 추진되어야 한다. 이러한 문화예술교육정책은 다양한 형태의 아마추어 예술활동을 활성화시킴으로써 문화다양성을 증진하는 데 기여할 수 있다.

12 Watanabe H.(2005), "Changing Adult Learning in Japan," Interanational Journal of Lifelong Education, Vol.24, No.3, pp.257~265. LPP이론은 Lave, J. & Wenger, E.(1991), *Situated Learning: Legitimate Peripheral Participation*, Cambridge University Press에서 제시된 이론임.

2. 창의성과 문화예술교육

창의성은 문화의 사회경제적 가치를 창출하는 원동력이라는 점에서 문화정책에서도 중요한 정책가치로 부각되고 있다. 특히 문화산업이 발전하고, 이에 대한 정책적 관심이 확대되면서 창의성의 가치는 문화부문에서 더욱 더 중요해지고 있다. 문화의 지적재산 가치는 창의성으로부터 나오기 때문이다. 영국에서 문화산업을 창의산업(creative industry)라고 일컫는 것도 이러한 맥락에서이다. 이와 관련하여 최근에 문화관광부는 창의성을 문화정책의 핵심가치로 부각시키고 있다. 문화관광부가 2005년에 발표한 C-Korea 2010 문화강국에서도 창의성을 국가발전 동력이라고 인식하고, 문화정책의 핵심가치로 설정하고 있다.[13] 문화관광부 정책자문위원회가 2007년에 발표한 미래의 문화, 문화의 미래에서도 '창의성의 발현' 을 '경쟁력 강화' 와 '소통과 나눔' 과 같이 문화정책의 3대 기조로 설정하고 있다.[14]

문화예술교육은 교육대상집단으로 하여금 문화적 감수성을 체험할 수 있는 기회를 제공할 뿐 아니라 문화예술을 바탕으로 새로운 사고를 창출하고, 이를 구체화하는 경험을 제공할 수 있다는 점에서 창의성을 향상시키는 일과 밀접하게 연관되어 있다. 특히 문화관광부와 한국문화예술교육진흥원이 추진하고 있는

---

13 문화관광부(2005), C-Korea 2010 문화강국.

14 문화관광부 정책자문위원회(2007), 미래의 문화, 문화의 미래.

'학교와 지역사회연계 문화예술교육사업' 과 같이 학생들을 대상으로 문화예술교육을 실시할 경우에는 학생들의 창의성을 증진하는 일이 매우 중요하다. 문화예술교육은 단순히 예술기법에 관한 전문지식을 습득하는 것에 초점이 있는 것이 아니라 예술적 접근방법을 활용하여 교육대상집단의 바람직한 변화를 추구하고 있기 때문이다.

3. 사회통합과 문화예술교육

문화예술교육은 교육대상집단의 특성과 학습효과 차원에서 사회통합 가치와 밀접하게 연관되어 있다. 문화예술교육은 문화예술교육의 혜택을 받지 못하는 사회취약계층에게 문화예술교육을 체험할 수 있는 기회를 제공하기도 하고, 소외계층을 대상으로 예술치료의 기회를 제공할 수 있다. 또한 북한에서 온 새터민, 해외이주노동자, 그리고 해외결혼이주민들을 대상으로 문화예술교육 프로그램을 제공하는 경우에는 이들로 하여금 우리 사회에 적응할 수 있는 수단을 제공할 수 있다는 점에서 사회통합과 밀접한 관계가 있다.

문화관광부와 한국문화예술교육진흥원이 추진하고 있는 '사회취약계층 문화예술교육사업' 과 같이 문화예술교육사업은 사회적으로 소외된 계층을 대상으로 설정할 수 있다는 점에서 사회복지사업과 밀접하게 연관되어 있다. 실제로 '사회취약계층 문화예술교육사업' 의 교육대상집단은 저소득층 어린이, 소년원, 교정시설 수용자, 장애자, 노인 등 다양하다. 이 사업은 문화예술교육이 사회복지서비스의 중요한 접근방법이 될 수 있다는 점을 제시해 주었다는 점에서 의미가 있다고 할 수 있다.

다른 한편으로 문화예술교육은 학습자로 하여금 다른 사람들과 소통하고 나누는 방식을 경험할 수 있는 기회를 제공할 수 있다는 점에서 사회성을 함양하는 수단으로 활용될 수 있다. 이러한 과정을 통해 문화예술교육은 교육과정이 종료된 이후에도 문화동아리활동으로 이어질 수 있는 잠재력을 내포하고 있다.

4. 문화예술교육정책의 발전과 정책목적

우리나라에서 문화예술교육에 대한 정책적 관심이 대두되기 시작한 것은 1980년대부터라고 할 수 있다.[15] 1980년대에 문화정책은 '문화정체성의 확립' 외에도 '문화향수권의 신장' 과 '문화예술 창작의 활성화' 를 중요한 정책목표로 설정하고, 문화정책의 대상을 예술부문에서 국민전체로, 중앙문화에서 지역문화로 확대시켰기 때문이다.[16] 1982년에는 사회교육법을 제정하고 여가교

---

15 1970년대까지 우리나라의 문화정책은 주로 문화적 주체성을 확립하고, 전통문화유산 및 전통예술을 발전시키는 데 주안점을 두었다(임학순(2003), 『창의적 문화사회와 문화정책』, 진한도서).

16 임학순(2003), 『창의적 문화사회와 문화정책』, 진한도서.

육과 전통문화교육, 국민독서교육, 가족생활교육, 국민생활에 필요한 기초교육과 교양교육, 건강 및 보건교육을 사회교육의 영역에 포함시켰다. 1980년대 중반 이후에는 문화예술교육의 기반시설이라고 할 수 있는 지역문화공간이 확충되기 시작하였다. 그리고 한국문화예술진흥원(현재 한국문화예술위원회의 전신)은 1987년부터 문화예술진흥기금을 활용하여 문화예술 사회교육활동 지원사업을 실시하기 시작하였으며, 1991년 5월부터 한국문화학교사업을 시작하였다.

1990년대에 들어와서 문화예술교육은 문화복지정책의 차원에서 인식되기 시작하였다. 이러한 인식은 1990년에 문화부가 '모든 국민에게 문화를' 이라는 정책이념을 바탕으로 수립 · 추진한 '문화발전 10개년 계획' 에 담겨 있다. '문화발전 10개년 계획' 에서는 문화복지국가 실현을 위한 정책과제로 국민의 문화향수 확대, 문화매개기능의 확충, 문화창조력의 제고, 국제문화교류의 증진 등을 제시하였다. 1990년대 중반에는 '문화복지' 이념이 우리나라 문화정책의 핵심가치로 부각되면서, 문화예술의 교육사업도 문화복지의 차원에서 중요하게 대두되기 시작하였다. 1995년 12월에는 문화예술진흥법 제14조에 문화강좌 설치에 관한 사항이 제정되어 문화학교의 설치 근거가 마련되었는데, 문화교육의 목적을 '국민이 높은 문화예술을 누리도록 하기 위하여' 로 문화복지 차원에서 규정하고 있다.

정부는 1996년에 '문화복지기획단' 을 설치 · 운영하면서 '문화복지' 를 문화정책의 핵심가치로 부각시켰으며, '문화복지 중장기 실천계획(1996년)', '삶의 질 세계화를 위한 문화복지 기본구상(1996)' 등을 발표하였다. 이러한 문화복지정책은 '생활권 단위의 문화기반 시설확충 및 경영능력 증진', '문화도시 건설 및 지역문화 활성화', '국민들의 평생문화학습 환경조성사업' 등을 보다 중요하게 다루었다.

또한 1990년대에 들어와서 지역주민들의 자발적인 문화활동에 대한 정책적 관심이 점차 확대되기 시작하였다. 특히 평생 문화예술교육 프로그램과 지역주민들의 문화예술활동에 대한 공공문화공간의 관심이 확대되었다. 지역주민들의 문화활동을 촉진하기 위한 대표적인 사업 중의 하나는 1996년부터 실시된 문화의 집 조성사업이라고 할 수 있다. 문화의 집은 지역주민들이 주체적으로 문화예술을 체험하고 학습하며, 창작할 수 있는 지역사회 커뮤니티 공간이다. 문화관광부의 문화의 집 운영지침(2000)에 따르면, 문화의 집은 기본적으로 지역주민들이 자발적으로 참여할 수 있는 소규모 프로그램을 우선적으로 개발해야 한다.[17] 이 지침은 또한 문화의 집이 주민에게 흥미를 갖거나 호기심을 유발할 수 있는 건전한 프로그램, 예술적이면서도 교육적인 효과를 줄 수 있는 프로그램을 개발해야 한다고 규정하고 있다. 이와 같이 문화의 집은 지역주민이 일상생활권에서 손쉽게 이용할 수 있는 생활밀착형 문화복지공간으로 지역주민의 주체적인 문화활동에 초점을 두고 있다.

---

17 문화관광부(2000), 문화의 집 운영지침.

한편 문화예술교육정책은 1990년대 후반부터 창의성 차원의 문화예술교육정책으로 확대되기 시작하였다. 1997년에 수립 · 발표된 『문화비전 2000』계획은 '창조적 인간을 위한 문화교육'을 중요한 전략과제로 제시하여 문화교육의 중요성을 정책과제로 제시하고 있으며, '문화의 민주화'를 넘어 '문화민주주주의' 차원의 정책이 필요함을 제시하고 있다.[18] 1998년의 『국민의 정부 새 문화정책』에서도 '문화복지의 실질적 구현을 통한 삶의 질 향상'과 '창의적 인간형성'을 위한 주요 정책사업으로 문화교육을 비중 있게 다루고 있다.[19] 이와 같이 1990년대의 예술정책은 이전의 시기에 비해 '문화복지'를 문화정책의 이념으로 부각시켰으며, 평생문화학습 환경조성사업을 중요하게 추진하였다. 또한 1995년에 지방자치가 실시된 이후 지방자치단체의 문화정책사업이 다양화 · 특성화되면서, 평생문화교육에 대한 정책적 관심도 확대되고 있다. 2000년에는 국악강사풀제도가 시행되기 시작하였다.

참여정부에 들어서면서 문화예술교육정책은 문화정책의 핵심영역으로 크게 확대되었다. 2004년도에 발표된 '새로운 한국의 예술정책: 예술의 힘(2004 ~ 2008)계획과' '창의한국: 21세기 새로운 문화비전계획' 모두 '문화예술교육 활성화'를 중요한 정책가치로 추구하고 있다. 2004년에 수립된 새로운 한국의 예술정책: 예술의 힘(2004 ~ 2008)에서는 문화예술교육을 크게 향유자 중심

18 문화체육부(1997), 문화비전 2000.
19 문화체육부(1998), 국민의 정부, 새문화정책.

의 예술활동 강화차원과 예술의 자생력 신장차원에서 접근하고 있다. 이 계획에는 예술교육을 통한 문화향유 능력개발을 위하여 문화예술교육의 제도적 기반조성, 학교 문화예술교육, 사회문화예술교육 확대 등을 정책대안으로 제시하고 있다. 그리고 문화예술교육 전문인력을 포함한 예술전문인력을 체계적으로 양성하고 재교육함으로써 예술의 자생력을 증진하기 위한 내용이 담겨 있다.

그리고 2004년에 작성된 창의한국: 21세기 새로운 문화비전은 문화비전 27대 핵심과제의 하나로 '문화예술교육을 통한 문화역량 강화' 사업이 중요하게 제시되어 있다. 이 계획에 제시된 문화예술교육정책의 목표는 '시민의 문화향유력과 창의성 향상' 이며, 이를 위해서 '시민의 문화향유력과 창의력 고취를 위한 사회문화예술교육 활성화', '학교교육을 지식중심에서 문화중심으로 전환', '지역 문화자원과 학교교육간 연계강화', '문화예술교육 활성화를 위한 제도적 기반조성' 등이다.

이를 바탕으로 문화관광부는 2004년에 문화예술교육과를 신설하고, '문화예술교육 활성화 종합계획' 을 수립하였다. 2004년도에 발표된 '문화예술교육 활성화 종합계획' 의 주요 내용은 다음과 같다.[20]

첫째, 초·중등학교 문화예술교육과 학교 밖 청소년 문화예술교육을 체계적으로 추진하기 위한 다양한 프로그램과 교재 등을

20 문화관광부(2004), 문화예술교육 활성화 종합계획.

개발 · 보급한다. 그리고 교사의 문화예술교육에 대한 전문성을 높일 수 있는 정책사업을 강화하고, 문화예술교육 전문강사풀제를 확대운영한다.

둘째, 사회문화예술교육 활성화를 위해 일반 시민들이 생활권 내에서 문화예술교육을 쉽게 접할 수 있도록 문화의 집, 문예회관 등의 문화기반시설, 대학교 부설 사회교육기관, 평생교육기관 등 지역의 공공시설을 활용한 문화예술교육 지원정책을 제시하고 있다.

[표 1-1] 문화예술교육 활성화 종합계획의 정책비전

비전	개개인의 문화적 삶의 질 향상 사회의 문화역량 강화
	↑
추진목표	• 학교 문화예술교육의 질적 개선과 양적 확대 • 사회 문화예술교육의 다양화 및 기회확대 • 문화예술교육의 다양화 및 기회확대 • 문화예술교육의 활성화를 위한 제반여건 마련
	↑
중점 추진과제	개개인의 능동적 참여를 이끌어 내기 위한 **국민인식 재고** 다양하고 질 높은 교육을 위한 **전문인력 양성과 재교육 지원** ↔ 사회적 자원의 효과적 활용과 상호 연계를 통한 **인프라스트럭처 구축** 창의적 문화예술교육의 확대를 위한 **교육프로그램 개발 및 실행** ↑ 체계적 정책수행을 위한 **법 · 제도의 기반마련**

셋째, 학교 · 사회의 문화예술교육 지원사업을 원활히 추진할 수 있는 제도적 기반마련을 위한 계획이 수립되어 있으며, 그 핵심은 중앙부처간, 중앙과 지역자치단체간, 민간협력체계 구축이다. 그리고 지방자치단체와 교육자치단체 그리고 문화기반시설과 학교관계자 등이 참여하는 지역별 협의체를 구성하여 지역 내 협력이 적극적으로 이루어질 수 있도록 지원한다.

문화관광부는 '문화예술교육 활성화 종합계획'을 바탕으로 2004년에 '학교 연계 문화예술교육 시범사업', '문화예술교육 허브사이트 아르테 www.arte.ne.kr 개설', '문화예술 분야 교원연수(특수분야 직무연수) 시범사업', '아동복지시설 대상 문화예술교육 프로그램 지원사업' 등을 추진하였다. 문화관광부는 이러한 문화예술교육사업의 거버넌스체계를 구축하기 위하여 2005년에 한국문화예술교육진흥원을 설립하고, 문화예술교육 지원사업을 적극적으로 추진하기 시작하였다. 한국문화예술교육진흥원은 문화예술교육지원법에 설립근거를 둔 특수법인 형태의 비영리조직으로서 문화예술교육현장과 정부를 잇는 중간조직으로서의 역할을 수행하고 있다. 한국문화예술교육진흥원은 '학교와 지역사회연계 문화예술교육사업', '사회취약계층 문화예술교육사업', '예술강사지원사업', '지역문화예술교육지원센터 지정 및 지원사업' 등을 적극적으로 추진하고 있다.

문화관광부는 이러한 문화예술교육정책을 체계적으로 추진하기 위하여 2005년에 '문화예술교육지원법'을 제정하였다. 이 법은 제1조에서 "이 법은 문화예술교육의 지원에 필요한 사항을 정함으로써 문화예술교육을 활성화하고, 나아가 국민의 문화적 삶의 질 향상과 국가의 문화역량 강화에 이바지함을 목적으로 한다"고 규정함으로써 '국민의 문화적 삶의 질 향상'과 '국가의 문화역량 강화'라는 정책목표를 명확하게 담고 있다. 또한 이 법 제3조 제1항은 문화예술교육의 기본원칙에 대해 "① 문화예술교육은 모든 국민의 문화예술 향유와 창조력 함양을 위한 교육을 지향한다"라고 규정함으로써 문화예술교육정책의 목적을 다시 강조하고 있다. 그리고 이 법 제3조 제2항에서는 "모든 국민은 나이, 성별, 장애, 사회적 신분, 경제적 여건, 신체적 조건, 거주지역 등에 관계 없이 자신의 관심과 적성에 따라 평생에 걸쳐 문화예술을 체계적으로 학습하고 교육받을 수 있는 기회를 균등하게 보장받는다"고 규정함으로써 문화예술교육을 문화권(cultural right)으로 인식하고 있다.

3. 문화예술교육사업의 유형

1. 교육목적에 따른 분류

문화예술교육사업은 교육목적에 따라 그 유형이 다양한데, 교육목적의 차원에 따라 크게 다음과 같이 구분할 수 있다.

1) 전문인력양성 교육사업과 일반 문화예술교육사업

문화예술교육사업은 교육을 통하여 달성하고자 하는 인력의 유형에 따라 문화예술교육 전문인력을 양성하기 위한 교육사업과 일반 문화예술교육사업으로 구분할 수 있다. 문화예술교육 전문인력을 양성하기 위한 교육사업은 문화예술교육 관리자, 문화예술교육 강사와 학습자를 이어주는 매개자, 문화예술교육 강사 등의 인력을 양성하기 위한 교육사업을 의미한다. 그리고 일반 문화예술교육사업은 지역주민, 학생, 사회취약계층 등의 학습자들을 대상으로 문화예술교육을 실시하여 바람직한 방향으로 학습자들을 변화시키는 데 초점을 둔 교육사업을 의미한다.

2) 체험, 창작, 사회소통, 치유 문화예술교육사업

문화예술교육사업은 교육의 목적과 효과에 따라 체험 문화예술교육사업, 창작문화예술교육사업, 사회소통 문화예술교육사업, 치유 문화예술교육사업 등으로 구분할 수 있다.

첫째, 체험 문화예술교육사업은 교육대상집단에게 문화예술에 대한 체험기회를 확대하고, 접근성을 증진하는 데 초점을 둔 교육프로그램이다.

둘째, 창작 문화예술교육사업은 문화예술을 활용하여 스스로를 표현할 수 있는 창작경험을 확대하는 데 초점들 둔 교육프로그램이다.

셋째, 사회소통 문화예술교육사업은 문화예술을 활용하여 학습자들의 사회성과 소통능력을 향상하는 데 초점을 둔 교육프로그램이다.

넷째, 치유 문화예술교육사업은 학습자들에게 예술치료효과를 제공하는 데 초점을 둔 교육프로그램이다.

이와 같이 문화예술교육사업을 교육의 목적과 효과에 따라 구분할 경우에는 하나의 문화예술교육사업이 하나의 목적만을 추구하는 것이 아니라 다양한 목적을 추구한다는 점을 고려할 필요가 있다. 체험에 초점을 둔 문화예술교육사업인 경우에도 그 효과는 창작, 사회소통, 치유 등의 학습효과를 나타낼 수 있기 때문이다. 이것은 문화예술교육사업을 목적과 효과차원에서 구분할 경우에는 개별사업에 따라 추구하는 목적과 효과의 우선순위에는 차이가 있을 수 있지만, 종합적으로 접근해야 한다는 것을 의미한다고 볼 수 있다.

3) 사회복지와의 연계성이 높은 문화예술교육사업

문화예술교육사업은 학습자들에게 문화예술에 대한 인식역량을 함양하고, 문화예술에 대한 체험기회를 증진하기 위한 문화적 목적 외에도 학습자의 사회복지를 중요한 사업목적으로 추구하는 경우도 있다. 한국문화예술교육진흥원이 2005년부터 실시하고 있는 '사회취약계층 문화예술교육사업'의 경우에는 노인, 장애자, 저소득가정 어린이, 소년원 학생, 여성, 교정시설 수용자, 여성결혼이민자, 새터민, 농어촌지역주민, 노숙인 등 사회취약계층을 대상으로 한 문화예술교육사업이라는 점에서 사회복지와 문화예술교육 기능이 밀접하게 연관되어 있다고 할 수 있다.

2. 교육대상에 따른 분류

문화예술교육사업은 교육대상의 특성에 따라 다양하게 구분할 수 있다. 교육대상은 학생과 사회취약계층과 같이 특정대상으로 한정하는 경우가 있는가 하면, 지역주민이면 누구나 참여할 수 있는 경우도 있다.

학생을 대상으로 한 문화예술교육사업은 학교교육 형태로 이루어지는 경우와 사회교육 형태로 이루어지는 경우로 다시 구분할 수 있다. 학교교육 형태로 이루어지는 문화예술교육사업으로는 정부가 2005년부터 추진하고 있는 '학교와 지역사회연계 문화예술교육사업'을 사례로 들 수 있다. 이 사업은 지역사회의 문화예술교육 단체가 학교현장에서 학생들에게 문화예술 교육프로그램을 운영하는 데 초점을 두고 있기 때문이다. 사회교육 형태로 이루어지는 문화예술교육사업으로는 지역의 생활문화공간이나 평생교육기관 등에서 청소년들을 대상으로 문화예술교육 프로그램을 운영하는 경우를 들 수 있다.

사회취약계층을 대상으로 문화예술교육사업은 앞에서 언급한 '사회취약계층의 문화예술교육사업'의 경우와 같이 노인, 장애자, 저소득가정 어린이, 소년원 학생, 여성, 교정시설 수용자, 여성결혼이민자, 새터민, 농어촌지역주민, 노숙인 등 사회취약계층을 대상으로 한 문화예술교육사업을 의미한다. 일반 지역주민을 대상으로 한 문화예술교육사업은 연령, 거주지, 성별, 문화예술교육 수요 등 인구학적 특성을 중심으로 다양한 문화예술교육 프로그램이 운영되고 있다.

3. 교육주체에 따른 분류

문화예술교육사업을 운영하는 사업주관기관은 예술단체, 문화공간, 사회복지기관, 대학, 자발적 연구단체, 시민사회단체 등 다양하다. 이러한 기관들은 정부기관에서부터 준정부조직, 민간비영리조직, 자발적 단체, 민간조직에 이르기까지 그 유형이 다양하다. 현재 문화관광부, 한국문화예술교육진흥원, 지방자치단체의 문화예술교육사업에 참여하고 있는 사업주관기관들을 살펴보면, 지방문화원, 문화의 집, 사회복지관, 장애자복지관, 노인회관, 새터민 관련단체, 결혼이주여성 관련단체, 예총과 민예총 등 예술단체, 지역사회 시민사회단체, 광역자치단체와 기초자치단체 산하의 문화재단, 대학, 여성관련 단체 및 기관 등 그 범위가 다양하다.

4. 교육내용에 따른 분류

문화예술교육사업의 교육내용은 순수문화예술뿐 아니라 문화산업, 전통문화, 생활문화에 이르기까지 다양하다. 또한 생태환경, 도시공간, 축제, 지역특성 등도 모두 문화예술교육내용의 소재로 활용될 수 있다. 문화예술교육사업의 교육내용은 또한 문화예술의 장르에 따라 공연예술, 시각예술, 공예, 대중음악, 문학, 만화, 디지털콘텐츠, 영화 등 다양하다. 그리고 문화예술교육은 문화예술의 창작, 문화예술작품의 분석, 문화예술의 소비 등을 모두 포괄하고 있다.

5. 교육방법에 따른 분류

용호성(2007)은 예술교육을 교육의 방법에 따라 기능적 교육과 체험적 교육으로 구분하고 있다.[21] 기능적 교육은 예술장르별로 고유의 방법론과 기술적 측면을 배울 수 있도록 하는 것을 말하며 악기강습 등 다소 정형화되고 체계화된 방법론을 활용하게 된다. 반면 체험적 교육은 단편적이고 기술적인 내용을 익히는 것을 넘어서 배우는 사람이 보다 주체적인 입장에서 창의적이고 유연한 내용의 경험을 해나갈 수 있도록 도와주는 것에 중점에 두고 있다. 기능적 교육과 체험적 교육은 각기 고유한 가치를 갖고 발전해 왔으나 국내에서는 그 동안 예술교육이 다소 기능적 교육에 치중해온 측면이 있었으며, 이에 이른바 문화교육을 주창하며 체험적 교육을 강조해야 한다는 논의가 진행되어 온 바 있다.

---

21 용호성(2007), "문화예술교육정책의 거버넌스체계 구축요인에 관한 연구," 박사학위논문.

4. 문화예술교육사업의 경영체계

1. 문화예술교육사업 관리의 의미

문화예술교육사업을 운영하는 조직은 사업의 목적을 달성하기 위하여 우수한 문화예술교육과정을 개발하고, 이를 교육대상자들에게 제공하는 일련의 활동을 수행한다. 이러한 활동에는 기획, 조직화, 자원관리, 파트너십 구축, 감독 및 통제, 모니터링과

22 Martin(1998)은 *International Encycolpedia of Public Policy and Administration*에서 예술경영을 전통적인 다섯 가지의 경영기능, 즉 기획, 조직화, 인력관리, 감독 및 통제 등을 시각예술 및 공연의 생산을 촉진하는 데 적용하고, 이를 예술가들의 작업을 관객들에게 보여주는 것이라고 정의한 바 있다. 이것은 예술경영이 창작과정을 관리하고 촉진하여 이를 관객들과 커뮤니케이션할 수 있도록 하는 것을 의미한다. 이에 대해서는 Chong D.(2002), *Arts Management, Routage,* pp.7~15. 참조.

평가 등이 포함된다. 이러한 활동유형은 비단 문화예술교육사업의 관리뿐 아니라 예술경영 및 일반 사업관리 영역에서도 나타나는 것으로 전통적인 경영활동이라고 할 수 있다.[22]

일반적으로 사업관리는 [그림 1-1]에 나타난 바와 같이 사업정의 및 조직화(define & organize), 사업계획 수립(plan), 사업집행(manage execution), 사업종료(close down) 등 네 가지 기본적인 활동으로 이루어진다(Harvard Business School Press, 2006). 사업정의 및 조직화 활동은 사업목적을 명확하게 설정하고, 이러한 목적을 달성하기 위하여 적합한 인력과 자원을 조직화하는 것을 의미한다. 사업계획수립 활동은 사업목적을 달성하기 위한 업무활동을 구체적으로 설정하고, 이러한 업무를 추진하기 위한 작업일정과 시간일정을 설계하는 것을 의미한다. 사업집행 활동은 효과적인 사업관리와 모니터링 기술을 필요로 한다. 그리고 사업종료는 사업

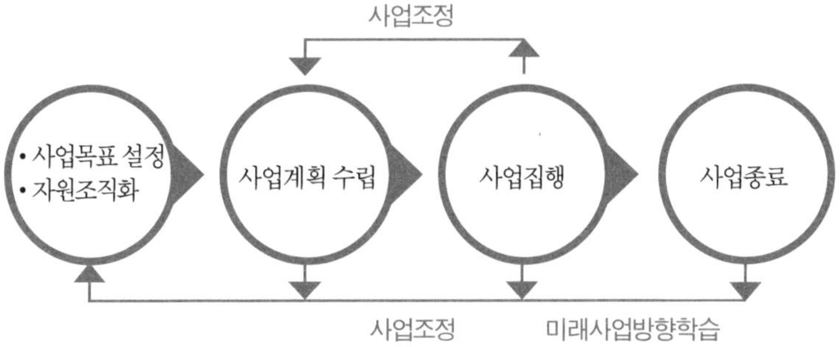

자료 : Harvard Business School Press (2006), *The Essentials of Project Management.*

[그림1-1] 사업관리의 일반모델

관리의 마지막 단계로서 사업목적을 달성하고, 바람직한 것을 대상 집단에게 전달하는 단계이다.

이와 같이 문화예술교육사업의 관리활동은 문화예술교육사업을 기획 · 개발하여, 교육대상자들에게 효과적으로 전달하기 위한 사업관리활동이라고 할 수 있다. 이러한 문화예술교육사업의 관리활동은 사업운영조직의 자체 역량과 자원만으로는 이루어질 수 없으며, 환경부문으로부터의 지원과 협력, 그리고 파트너십을 필요로 한다. 이런 의미에서 문화예술교육사업은 환경부문과의 지속적인 상호작용을 기반으로 하는 개발체계의 관점에서 이해할 필요가 있다.

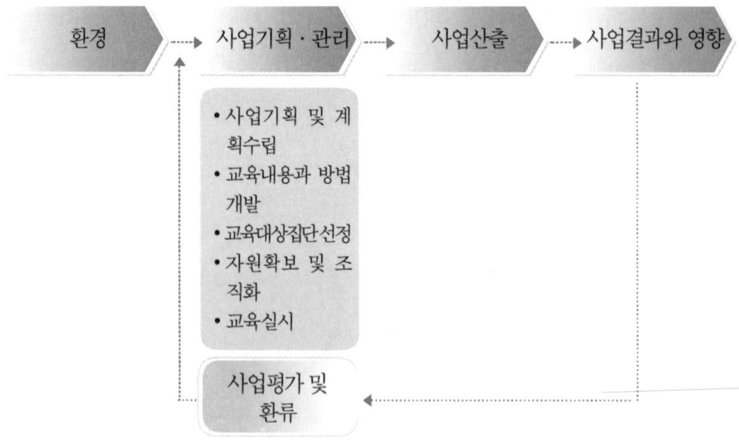

[그림 1-2] 문화예술교육사업 관리체계의 행위자 구성요소

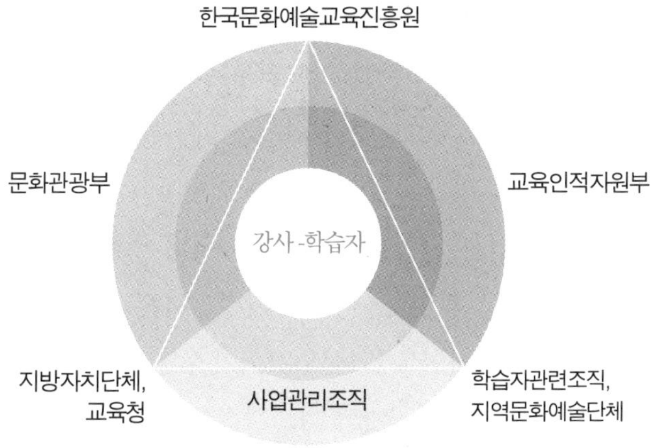

[그림1-3] 문화예술교육사업의 관리체계

2. 상황분석

문화예술교육사업의 관리자는 사업목적과 방향을 설정하기 위해서 외부환경과 내부역량에 대한 상황분석을 실시할 필요가 있다.

1) 외부환경 분석

외부환경 분석은 자원환경 분석, 사업에 영향을 미치는 환경조직 분석, 교육대상집단의 수요 및 특성분석, 파트너십 환경분석, 지역사회의 문화예술교육 수요 등 문화예술교육사업에 영향을 미치는 환경에 대한 분석을 의미한다.

자원환경 분석은 문화예술교육사업을 수행하는 데 필요한 자원들은 무엇이고, 이러한 자원을 확보하기 위한 방법은 무엇인가에 대한 것을 분석하는 것이다. 또한 자원환경 분석에서는 사업관리조직의 자원확보수준과 외부환경조직의 자원확보수준을 분석하여 외부환경조직으로부터 자원을 새롭게 확보해야 하는 수요를 파악하는 준거자료로 활용할 수 있다.

환경조직 분석은 사업관리기관의 활동에 영향을 미치는 외부환경 조직에 관한 것이다. 이러한 환경조직은 사업관리기관에게 자원을 제공하는 지원조직, 사업관리기관의 활동을 통제하고 평가하는 조직, 사업관리기관과 파트너십을 구축하는 조직, 교육대상집단과 연관된 조직, 사업관리기관과 갈등관계에 있는 조직 등 그 유형이 다양하다. 사업관리기관은 이러한 환경조직들로부터 자원과 지지를 확보하고, 환경조직들과의 협력관계를 구축할 필요가 있다.

교육대상집단의 수요와 특성을 분석하는 것도 상황분석에서 매우 중요하다. 문화예술교육사업을 추진하는 궁극적인 목적은 교육대상집단의 바람직한 변화에 있기 때문이다. 문화예술교육사업이 대상으로 하고 있는 집단의 수요와 특성을 파악함으로써 교육내용과 방법, 그리고 경영의 방향을 학습자 중심으로 설정할 수 있다.

파트너십 환경분석은 사업관리기관이 관련 조직들과 협력관계를 구축하는 데 필요한 환경에 대한 분석을 의미한다. 사업관리기관은 문화예술교육사업의 특성, 교육대상집단의 특성, 자원의 특성 등을 고려하여 파트너십을 구축해야 할 필요성이 있는 조직들의 특성과 협력내용 등에 대한 분석을 실시할 필요가 있다. 사업관리기관에 대한 외부환경의 지지와 신뢰수준도 문화예술교육사업을 수행하는 데 있어서 중요한 요소라고 할 수 있다. 파트너십과 협력네트워크를 구축하고, 지속적으로 발전시키는 데 있어서 외부환경으로부터의 지지와 신뢰가 중요한 영향을 미치기 때문이다.

사업관리기관이 수행하고자 하는 문화예술교육사업에 대한 지역사회의 수요 수준도 상황분석의 중요한 요소라고 할 수 있다. 일반적으로 지역사회에는 다양한 형태의 문화예술교육 관련활동이 이루어지고 있다. 지방문화원, 문화의집, 주민자치센터, 사회복지시설, 청소년시설, 여성회관, 공공도서관 등 생활문화공간에서는 지역주민들을 대상으로 한 문화예술교육 프로그램을 운영하는 경우가 많다. 사업관리기관은 이러한 지역사회의 문화환경 및 문화예술교육 활동에 대한 분석을 실시하여 사업관리기관이 추진하고자 하는 문화예술교육사업의 특성을 명확하게 설정할 필요가 있다.

2) 내부역량 분석

사업관리기관은 문화예술교육사업을 효과적으로 수행할 수 있는 내부역량을 갖추고 있는가에 대해 점검할 필요가 있다. 문화예술교육사업의 질적 수준이 우수하고, 교육대상집단의 교육수요가 높다고 하더라도 이러한 사업을 추진할 수 있는 내부역량이 갖춰져 있지 않은 경우에는 사업의 성과를 기대하기 어렵기 때문이다. 사업관리기관의 내부역량을 평가하는 가장 중요한 지표로는 전문성, 자원관리능력, 파트너십 구축능력 등을 들 수 있다.

첫째, 전문성은 문화예술교육과정과 방법을 기획하고, 교육현장에서 교육대상자들의 특성에 적합한 교육을 실시하는 데 있어서 가장 중요한 요소라고 할 수 있다. 사업관리기관이 이러한 전문성을 갖추기 위해서는 전문인력을 확보해야 할 뿐 아니라 문화예술교육에 관한 전문지식과 정보를 갖추어야 한다. 외부의 전문가 및 전문단체의 자문을 받거나 협력관계를 형성하는 것도 전문성을 확보하는 데 있어서 중요한 방법이다.

둘째, 자원관리능력은 문화예술교육사업을 효과적으로 수행하는 데 필요한 재정, 인력, 지식과 정보, 시설과 기자재 등을 확보하고, 이를 체계적으로 관리하는 능력을 의미한다.

셋째, 파트너십 구축능력은 사업주관기관이 관련기관 및 단체들과의 협력관계를 구축할 수 있는 능력을 의미한다. 문화예술교육사업을 수행하는 데 필요한 자원들을 확보하고, 관리하는 역량은 이러한 파트너십 역량과 밀접한 관계를 가지고 있다.

3. 목표설정

문화예술교육사업을 효과적으로 추진하기 위해서는 사업과정 전반에 걸쳐 준거기준으로 작용하는 목표를 설정하고, 이를 체계적으로 관리할 필요가 있다. 문화예술교육사업의 기획활동에서 가장 중요한 작업 중의 하나는 이러한 목표를 설정하는 것이다. 전략적 기획활동은 상위목표를 달성하기 위한 전략적인 목표를 설정하기 위한 관리과정이라고 할 수 있다.

문화예술교육사업의 성과를 관리하기 위해서는 무엇보다도 사업목적이 명확하고 구체적으로 설정되어야 한다. 사업목적은 성과와 관련하여 장기적 비전 및 목표, 그리고 단기목표, 실행목표 등으로 구분하여 살펴볼 수 있으며, 실행목표는 행동으로 연결된다는 점에서 중장기목표에 비해 구체적이고 실천적이어야 한다. 사업관리자는 문화예술교육사업을 통해서 해결해야 할 문제가 무엇이고, 달성하고자 하는 산출물이 무엇인지를 명확하게 설정하기 위해 노력해야 한다. 또한 문화예술교육사업에 참여하는 인력들은 모두 이러한 사업목표에 대한 인식을 공유해야 한다. 그리고 사업주관기관이 사업목표의 관리를 체계적으로 추진하기 위해서는 사업계획을 수립하는 단계에서부터 사전성과지표를 설정하고, 이를 사업종료시점에서 평가할 필요가 있다.

문화예술교육사업의 목표는 개별사업에 따라 매우 다양하지만, 교육대상자의 바람직한 변화를 창출하는 것이 무엇보다도 중요하다. 교육대상자들은 문화예술교육사업에 참여함으로써 문화예술에 대한 체험 및 접근기회를 증진할 수도 있고, 문화적 감수성과 창의성을 높이는 기회로 활용할 수 있다. 나아가 문화예술교육사업은 교육대상자들에게 자신을 스스로 표현할 수 있는 역량과 기회를 제공함으로써 교육대상자들로 하여금 자신을 성찰적으로 평가할 수 있는 여건을 조성해줄 수 있다. 이런 의미에서 문화예술교육사업은 예술치유사업과도 밀접한 연관을 가지고 있다. 또한 교육대상자들은 문화예술교육사업에 참여함으로써 사회성과 소통역량을 증진할 수 있다. 한편 문화예술교육사업은 교육대상자의 변화뿐 아니라 지역사회의 문화환경과 문화네트워크를 증진하는 데도 기여할 수 있는 측면이 있다.

그러나 문화예술교육사업의 목표를 명확하고 구체적으로 설정하는 데는 한계가 있다. 문화예술교육사업의 목표는 교육대상자의 규모를 산출하는 것이 아니라 교육대상자의 질적 변화를 추구하기 때문이다. 또한 문화예술교육의 영향에 관한 이론적 기반이 아직 견고하지 못한 점도 문화예술교육사업의 목표를 명확하게 설정하는데 한계요인으로 작용하고 있다. 또한 문화예술교육사업의 목표는 문화예술교육사업에 참여하는 행위자들이 추구하는 목표와 다양한 이해관계에 영향을 받는다. 따라서 공식적으로 표명된 목표는 사업이 최종적으로 종료된 이후에 사업결과물 수혜자들의 목표와 차이가 있을 수 있다. 이러한 제약여건에도 불구하고, 문화예술교육사업의 목표를 사업관계자들이 공유할 수 있는 수준으로 구체화하기 위한 노력을 지속적으로 추진할 필요가 있다.

4. 기획활동 및 사업계획 수립

1) 전략적 기획

문화예술교육사업을 주관하는 조직은 상황분석과 목표설정결과를 바탕으로 사업계획을 구체적으로 설계할 필요가 있다. 사업기획의 과정 및 결과는 사업계획으로 구체화된다고 볼 수 있다. 기획활동은 조직들로 하여금 불확실성과 변동하는 환경을 전략적으로 관리할 수 있는 역할을 제공한다는 점에서 매우 중요하다.[23] 기획은 조직으로 하여금 목표설정 및 운영계획을 수립하게 함으로써 사업의 방향을 설정하는 준거틀을 제시한다. 그리고 기획과정을 통해서 사업의 목표와 사업추진방법, 사업대상집단이 보다 명확해진다.

버먼(Berman, 1998)에 따르면, 전략적 기획(strategic planning)은 변화하는 조건과 새로운 기회를 바탕으로 우선순위를 조정하는 데 도움이 되는 일련의 절차를 의미한다.[24] 그리고 오코널(O' Connell)은 전략적 기획이 효과적인 조직관리의 가장 근본적인 부분이라고 지적하고 있다. 이것은 예술조직이 제한된 시간 및 예산여건과 변화하는 복잡한 환경의 맥락에서 상황에 적합한 기획을 수행할 필요가 있기 때문이다. 이러한 전략적 기획과정은 [그림 1-4]에 나타난 바와 같이 조직의 목적 및 전략적 미션설정, 전략목표설정, 외부평가 및 내부평가, 전략형성, 전략계획수립, 전략집행, 모니터링과 산출평가 등의 과정으로 구성된다.[25]

23 Austin M..J. & Solomon J.R..(2000), "Managing Information for Decision Making," in Patti R.J.(ed), *The Handbook of Social Welfare Management*, Sage Publications, Inc., pp.341~360.

24 Berman, E. M.(1998), Productivity in Public and Nonprofit Organizations, Sage.

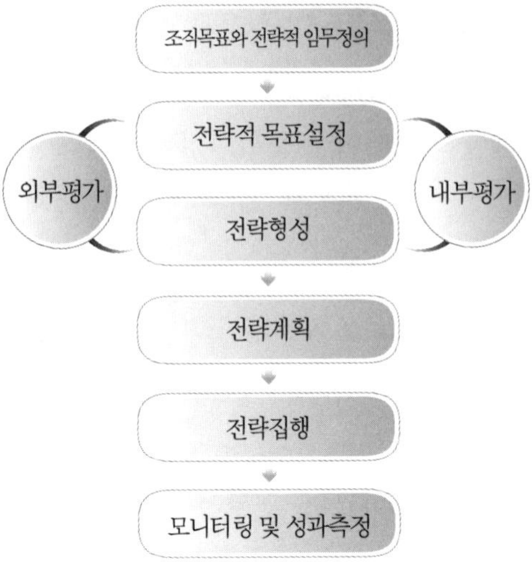

자료: O' Connell A.,(1999), "Strategic Planning and the Arts Organization", Fitzgibbon M. & Kelly A.(eds), *From Maestro to Manager*, Oak Tree Press, pp.69~84.

[그림 1-4] 전략형성과정

이와 관련하여 오스틴과 솔로몬(2000, 341~359)이 제시한 전략적 기획의 방법은 다음과 같다.

① 목적과 역할을 명확하게 설정하고 분석한다.

- 조직의 강점을 고려하고 있는가, 그리고 지속적인 개선을 위한 영역을 고려하고 있는가?

25 O' Connell A.,(1999), "Strategic Planning and the Arts Organization," Fitzgibbon M. & Kelly A.(eds), *From Maestro to Manager*, Oak Tree Press, pp.69~84.

• 고객, 주요프로그램과 서비스, 인력 등을 적절하게 나타내고 있는가?
• 조직의 유일한 재산을 반영하고 있는가?
• 조직의 역사와 핵심가치를 반영하고 있는가?

② 외부환경을 평가한다.

• 사회적 · 정치적 환경, 경제적 환경, 기술적 환경
• 외부환경의 특성관점에서 조직의 기회요인과 위협요인은 무엇인가?

③ 최선의 실천전략은 무엇이고, 우리의 경쟁력은 무엇인지에 대해 파악하고 이를 반영한다.

• 조직의 고객, 인력관리, 시설, 평판, 행정력 등의 차원에서 다른 조직과 비교할 때 경쟁력 있는 부문은 무엇인가?

④ 고객과 이해관계자 분석.

• 고객과 이해관계자는 누구이며, 어떻게 변화되고 있는가?
• 고객들이 조직의 서비스를 이용하는 이유는 무엇인가?
• 직원들은 무엇을 바꾸고 싶어하는가?
• 고객과 이해관계자를 위한 조직의 노력을 무엇인가?

⑤ 내부운영 평가.

• 어떻게 우리의 운영체계를 관리할 것인가(재정, 시설, 인력, 자원봉사자, 서비스프로그램, 커뮤니케이션, 리더십, 고객관계 등)?
• 어떻게 서비스 프로그램을 계획하고 평가하는가?
• 조직내부의 운영체계가 갖고 있는 강점과 약점은 무엇인가?

⑥ 계획의 구성요소를 개발한다.

- 새롭게 고려해야 할 주제는 무엇인가?
- 이러한 주제들과 관련하여 어떤 전략, 어떤 업무, 어떤 결과물이 규정되어야 할 것인가?

2) 사업계획

사업계획은 설정한 목표를 달성하기 위한 일련의 핵심업무구조를 재구성하는 것이라고 할 수 있다. 사업계획은 실제행동을 실천하기 위한 세부계획을 필요로 한다. 그리고 구체적인인 시간별 일정계획을 수립할 필요가 있다. 이러한 사업계획을 종합적인 차원의 사업계획과 세부사업계획으로 구분할 수 있다. 종합적인 사업계획은 사업목적, 사업추진체계, 자원계획, 마케팅계획, 인력계획, 재정계획, 사업추진일정 등으로 종합적으로 포함하고 있다. 세부사업계획이란 종합계획에 포함된 마케팅계획, 재정계획, 인력계획, 파트너십 및 네크워크 구축계획 등을 보다 구체적으로 설정할 것을 의미한다. 이러한 세부계획은 종합계획과의 일관성을 유지하면서 세부영역에 대한 목적설정, 상황분석, 전략수립, 집행 등에 관한 계획을 포함한다.

이러한 사업계획은 문화예술교육 현장에서의 활동을 전제로 수립되기 때문에, 실천가능한 형태로 설계되어야 한다. 이를 위해서는 사업계획의 수립단계에서 환경의 특성과 사업목표 및 집행수단의 인과관계를 충분하게 검토할 필요가 있다. 나아가 사업주관기관은 사업추진성과를 정책산출(policy outputs)단계뿐 아니라 정책결과(policy outcomes)와 정책영향(policy impacts)을 고려하여 설정할 필요가 있다.

이러한 사업계획 수립과정은 사업주관기관의 내부과정으로만 한정되어 있는 폐쇄체계(closed system)유형과 파트너십 기관 및 외부전문가들과의 상호작용을 바탕으로 하는 개방체계(open system)유형으로 구분할 수 있다. 문화예술교육사업의 복잡성이 높고, 파트너십 수요가 큰 경우에는 외부환경조직들과의 소통을 바탕으로 개방체계유형의 사업계획 수립체계를 정립할 필요가 있다. 사업계획은 사업집행과정을 통해서 구현되기 때문에, 사업집행의 효과성을 고려하여 사업계획을 수립할 필요가 있다. 사업집행과 효과성을 달성하기 위해서는 자원의 확보 및 관리가 체계적으로 이루어져야 하고, 사업집행과정에 참여하는 행위자들간의 협력네트워크체계가 구축되어야 한다. 이런 의미에서 사업계획의 수립과정은 사업집행과정과 마찬가지로 집합적 행동(collective action)과정이라고 할 수 있다.

5. 자원확보 및 관리

문화예술교육사업에 관한 사업계획은 자원을 매개로 교육현장에서 구체적인 행동으로 이어진다. 자원은 문화예술교육사업을 가능하게 하는 가장 핵심적인 요소이기 때문이다. 문화예술교육사업을 둘러싼 파트너십 및 네트워크는 이러한 자원을 확보하고 활용하기 위한 전략이라고 할 수 있다. 따라서 사업주관기관은 사업목표 달성에 적합한 자원을 확보하고, 활용하기 위한 자원관리체계를 갖출 필요가 있다.

문화예술교육사업을 효과적으로 운영하는 데 필요한 자원은 재정, 인력, 지식과 정보, 시설과 기자재, 파트너십과 네트워크, 신뢰 등을 들 수 있다.

첫째, 재정은 문화예술교육사업을 운영하는 데 소요되는 비용을 충당하는 자원이다. 사업주관기관은 문화예술교육사업의 효과성과 재원의 확보가능성 등을 고려하여 재정계획을 수립한다. 재정은 자체재정과 외부로부터 지원받는 재정으로 구분되는데, 문화예술교육사업의 경우에는 정부와 공공부문으로부터의 지원재정에 의존하는 정도가 높은 편이다. 주요 재원구성을 살펴보면, 정부예산, 기금 등 공공부문 재정, 지방자치단체 예산, 사업주관기관의 자체예산, 학습자들이 내는 수강료 등으로 구성되어 있다.

둘째, 인적자원은 문화예술교육사업의 전문성 수준을 가늠하는 중요한 자원이다. 인적자원은 문화예술교육사업을 운영하는 관리자와 실제로 교육현장에서 문화예술교육을 실시하는 강사로 구분할 수 있다. 문화예술교육 관리자는 문화예술교육사업의 기획, 분석, 집행, 평가 등 사업과정 전체를 관리하는 전문인력을 의미하며, 문화예술교육 강사는 직접 예술교육현장에서 학습자들에게 교육을 실시하는 전문 인력을 의미한다.

셋째, 지식과 정보 또한 문화예술교육사업의 전문성을 확보하고, 문제를 해결할 수 있는 수단을 제공해 줄 수 있다는 점에서 사업주관기관의 중요한 자원이라고 할 수 있다. 특히 지식과 정보의 변화속도가 빠르고 복잡다양하기 때문에 지식정보관리체계를 구축하여 미래의 환경변화에 신축적으로 대응할 필요가 있다. 문화예술교육사업에 관한 과학적 · 이론적 기반이 아직은 정립되어 있지 않기 때문에, 문화예술교육사업의 실천경험에 관한 지식정보와 자원에 관한 정보 등은 문화예술교육사업의 전문성을 향상시키는 데 중요한 요소로 작용할 수 있다.

넷째, 시설과 기자재는 문화예술교육공간, 문화예술교육과정에 필요한 소프트웨어와 교육소재, 시청각시설, 악기, 무대장치 등 다양하다. 이러한 시설과 기자재는 교육효과를 증진하는 데 필요한 도구로서 그 중요성이 높다고 할 수 있다.

다섯째, 문화예술교육 관련단체 및 기관들의 협력과 지원 또한 문화예술교육사업의 효과성에 영향을 미치는 중요한 자원이다. 문화예술교육사업의 대상집단이 다양화됨에 따라 문화예술교육조직과 대상집단 관련조직간의 파트너십 수요 또한 확대되고 있다. 또한 문화예술교육사업은 문화예술분야, 교육분야, 사회복지 등 관련 영역분야 등의 학제적 접근이 필요한 분야이기 때문에 이와 관련된 전문가 및 조직들간의 협업환경을 필요로 한다.

여섯째, 문화예술교육사업 주관기관에 대한 외부환경조직의 신뢰수준 또한 중요한 자원이라고 할 수 있다. 외부환경조직으로부터 신뢰를 받지 못하는 경우에는 문화예술교육사업 자체를 맡기 어려우며, 맡는 경우에도 외부 환경조직으로부터 협력과 지원을 받기가 어렵다고 할 수 있다. 이러한 신뢰는 사업주관기관의 추진역량, 전문성, 직원들의 태도와 행태, 파트너십 경험 등 다양한 요인에 의해 영향을 받는다.

6. 사업집행

사업주관기관은 사업목적을 달성하기 위하여 사업계획서를 바탕으로 문화예술교육사업을 실행한다. 문화예술교육사업은 사업집행과정을 통하여 문화예술교육을 교육대상자 집단에게 전달할 수 있다. 사업집행과정에서의 주요활동을 살펴보면 다음과 같다.

첫째, 사업집행을 체계적으로 추진하기 위해서는 사업목적에 적합한 조직체계를 갖추어야 한다. 사업주관기관은 기획과정을 통해 설정된 목표를 효과적으로 달성하기 위한 조직구조를 설계하고, 합리적인 의사결정체계를 갖출 필요가 있다. 이러한 조직체계에는 사업집행과정에 참여하는 이해관계자들간의 조정 및 협력을 확보하기 위한 장치도 포함된다.

둘째, 문화예술교육사업을 전문적으로 수행할 수 있는 인적자원을 확보하고, 동기를 부여하여야 한다. 그리고 사업목적에 적합하게 인적자원을 조직구조와 업무에 배치해야 한다. 그리고 문화예술교육사업의 가장 핵심적인 인력인 강사를 확보하고, 강사의 교육활동을 지원함으로써 교육현장에서 강사가 양질의 교육을 할 수 있는 여건을 조성할 필요가 있다. 또한 문화예술교육사업 관련 인력들의 업무능력을 증진하기 위한 연수프로그램을 운영하는 것도 인적자원 관리의 중요한 요소라고 할 수 있다.

셋째, 사업집행과정에서는 문화예술교육사업의 목적을 달성하는 데 필요한 자원을 확보하고, 집행활동을 위하여 합리적으로 자원을 배분하는 일이 매우 중요하다. 문화예술교육 자원으로는 앞에서 언급한 인적자원 외에도 재정자원, 시설과 기자재, 지식과 정보자원 등을 들 수 있다.

넷째, 사업집행과정에서는 교육내용과 교육방법을 확정하여 교육공간에서 교육대상집단을 대상으로 교육과정을 운영한다. 이와 관련하여 교육내용과 교육방법의 전문성을 확보하기 위한 집행체계를 갖출 필요가 있으며, 마케팅 활동을 통하여 사업목적에 적합한 교육대상집단을 선정 · 관리해야 한다. 마케팅이란 잠재적 학습자 집단이 어떤 프로그램을 얼마나 많이, 어느 정도나 원하는지를 파악하여 그 요구를 신속하고 정확하게 충족시켜 주는 것을 의미한다. 마케팅에는 특정 교육프로그램에 참여하고자 하는 학습자 집단규모의 파악, 프로그램에 대한 학습자 요구의 분석, 교육기관 및 프로그램의 홍보 등이 포함된다.

다섯째, 관련기관 및 단체, 민간부문의 전문가들과의 협력환경을 조성하는 것도 사업집행과정에서 매우 중요한 요소이다. 이러한 협력활동은 자원관리, 행정지원, 공동사업운영, 신뢰관계 구축 등 다양한 분야에서 일어날 수 있다.

여섯째, 사업모니터링 및 사업조정 활동도 사업집행과정에서 수행해야 할 중요한 활동 중의 하나이다. 사업모니터링은 사업집행과정이 사업목적과 사업계획에 적합하게 이루어지고 있으며, 이 과정에서 제기되는 문제점을 진단하고, 이를 해결하기 위한 일련의 활동을 의미한다. 문화예술교육사업은 환경변화에 따라 집행과정에서 초기에 의도하지 않은 상황에 직면할 수 있는 측면이 있기 때문에 이러한 사업모니터링 활동을 통하여 문제해결 및 사업조정을 위한 작업을 추진할 필요가 있다. 그리고 사업조정 활동은 사업집행과정에서 사업의 우선순위 변경, 사업집행방식의 변경, 사업목적의 변경뿐 아니라 문화예술교육사업을 둘러싼 이해관계를 조정하는 활동을 모두 포괄한다. 이러한 사업조정 활동을 통하여 현장적응적인 사업관리체계를 구축할 수 있다.

7. 사업종료 및 평가

사업관리기관은 문화예술교육사업이 집행되고 나면, 사업과정 및 결과에 대한 평가를 실시하여 사업의 성과가 무엇인지를 확인하고, 사업집행과정에서 제기된 문제점과 이를 해결하는 과정에 대해 성찰할 필요가 있다. 사업의 성과평가는 당초 설정한 사업목표를 어느 정도 달성했는지를 중심으로 이루어진다. 이런 의미에서 사업의 성과평가는 사업목표를 설정하는 기획과정과 밀접한 연관이 있다. 사업의 장기목표는 사업성과의 영향평가와 밀접하게 연관되어 있으며, 사업의 단기목표는 사업성과의 산출 및 결과와 밀접하게 연관되어 있다. 따라서 사업성과 관리를 체계적으로 수행하기 위해서는 사업기획단계에서부터 사업성과에 관한 관리계획을 수립할 필요가 있다.

한편 사업관리기관은 이러한 사업의 성과가 중장기적으로 교육대상집단이나 교육사업 관련기관 및 단체들에게 어떤 변화를 가져올 것이며, 지역사회에 미치는 파급효과가 무엇인지에 대해 지속적으로 평가할 수 있는 체계를 갖출 필요가 있다. 이러한 평가결과는 다음 년도의 문화예술교육사업에 환류됨으로써 사업의 효과성을 증진하는 준거자료로 활용된다.

8. 문화예술교육사업관리의 고려요인

문화예술교육사업을 성공적으로 운영하기 위한 요인들에 대해서는 아직 이론적 체계가 정립되어 있지 않다. 이와 관련된 연구들도 부분적으로 이루어지고 있거나 점검할 사항을 부분적으로 제시하는 수준에서 머무르고 있다. 오코널(O' Connell, 1999)은 예술사업 관리와 관련하여 ① 장기비전에 대한 적극적인 탐색, 새로운 상황과 혁신에 대한 도전, ② 조직역량 및 환경분석을 바탕으로 우선순위 설정, ③ 변화하는 환경에 신축적 대응(소비자분석, 시장분석, 새로운 기회요인 활용 등), ④ 성과인식, 결과중심, ⑤ 위험감수 및 혁신적인 변화 지지, ⑥ 조직역량은 환경부문과 내적 운영부문으로 적절하게 조정, ⑦ 직원들의 동기부여 등을 제시한 바 있다.[26] 그리고 저민(Jermyn, 2001)은 예술프로젝트를 성공적으로 운영하는 데 필요한 요소들에 대해 [표 1-2]에 나타난 바와 같이 기존 이론들을 제시하고 ① 지역수요와의 연계성, ② 파트너십 구축 및 신축적 운영, ③ 프로젝트 기획 및 자원관리, ④ 성과물의 질적 우수성 등을 제시한 바 있다.[27]

[표 1-2] 예술 프로젝트의 성공요인

PAT 10(DCMS, 1999)	Williams(1997)	Matarasso(1997)	Jermyn(2001)
실질적 수요기반의 목표설정	명확한 목표설정	명확한 목표설정	지역수요와의 연계성
• 파트너십 활성화 • 지역사회와의 연계강화 • 지역통제 정착	• 신뢰 및 협력관계 구축 • 참여활성화 • 협력자로서의 예술가	공평한 파트너십	파트너십 구축 및 신축적 운영
질적 우수성 추구	질적 우수성	우수성	프로젝트 기획 및 자원관리
• 지속가능성 확보 • 예술활동과의 연계 • 환경변화에 대한 신축성 • 다양성 확보	• 외부투자 정도 • 관련된 조직들과의 호혜적 관계 형성 • 지역사회 리더십 역량	• 공유된 윤리원칙 • 적절한 역할기대 • 우수한 기획 • 공동평가	성과물의 질적 우수성

자료: Jermyn H. (2001), *The art of inclusion*, Arts Council of England.

26 O' Connell A.(1999), "Strategic Planning and the Arts Organization," Fitzgibbon M. & Kelly A.(eds), *From Maestro to Manager*, Oak Tree Press, pp.69~84.

27 Jermyn(2001), *The Art of Inclusion*, Arts Council of England.

이러한 요소들은 문화예술교육사업을 성공적으로 운영하는 데 있어서도 매우 중요하게 고려될 필요가 있다.

첫째, 문화예술교육에 대한 수요분석 및 지역의 문화환경에 대한 분석을 바탕으로 문화예술교육사업의 목표를 명확하게 설정함으로써 문화예술교육의 수요와 사업목표의 연계성을 확보할 필요가 있다. 그리고 문화예술교육 프로그램을 설계하기 위해서는 사전에 교육수요를 파악하고, 교육환경과 여건을 진단할 필요가 있다. 또한 다른 지역 또는 다른 기관에서 수행하고 있는 교육프로그램에 대한 성공과 실패사례를 찾아 그 요인을 분석하는 작업도 새로운 교육프로그램 설계에 매우 중요하다. 교육프로그램 기획자는 수요조사를 바탕으로 교육프로그램을 개발할 경우, 교육수요, 교육내용, 교육성과에 대한 논리적 연관성을 확보하기 위해 노력해야 한다. 문화예술교육사업을 추진하는 사업조직은 이러한 연관성을 확보하기 위하여 조사연구체계를 갖출 필요가 있다.

둘째, 문화예술교육프로그램이 운영되기 위해서는 기획인력, 강사, 시설과 기자재, 교육콘텐츠, 재정 등 자원(education resources)이 필요하다. 이러한 자원은 교육프로그램 기획단계뿐 아니라 운영 및 평가단계에 이르기까지 교육프로그램 전체과정에서 고려되어야 한다. 이러한 자원은 기관에 따라 현실적인 제약요인으로 작용할 수도 있고, 다른 기관과의 차별적인 요인으로 작용할 수도 있다. 문화예술교육 프로그램 기획인력의 존재여부 및 질적 수준은 교육프로그램 성과 수준에 크게 영향을 미칠 수 있다. 마찬가지로 우수한 강사를 확보하는 일은 교육프로그램의 질적 수준을 높이는 데 크게 기여한다고 볼 수 있다. 시설과 기자재수준도 교육효과와 밀접하게 연관되어 있다.

셋째, 문화예술교육 프로그램이 효과적으로 추진되기 위해서는 관련되는 기관 및 단체들 상호간의 유기적인 협력네트워크와 파트너십이 구축되어야 한다. 조사연구 및 자원과 마찬가지로 네트워크 요소도 교육프로그램 과정 전체에 매우 중요한 역할을 한다. 네트워크와 파트너십의 유형은 인적자원 네트워크, 프로그램 네트워크, 정보와 지식네트워크, 시설과 기자재 네트워크 등 다양하다. 교육프로그램에 대한 수요와 환경분석단계에서도 조사분석 협력네트워크가 구축되어 공동으로 조사연구를 진행할 수 있다. 또한 교육기관 담당자 워크숍을 통해 교육프로그램에 대한 수요와 환경을 진단하는 기회를 가질 수 있다. 또한 교육프로그램을 기획 · 개발하는 과정에서도 프로그램 및 정보를 상호교류하거나 공동으로 교육프로그램을 기획, 개발할 수 있다. 그리고 실제로 교육프로그램을 운영하는 단계에서는 다양한 형태로 협력네트워크가 구축될 필요가 있다. 마지막으로 교육프로그램이 끝난 이후에도 교육프로그램의 성과에 대한 정보를 공유하거나 공동으로 평가하는 기회를 가질 수 있다.

넷째, 교육프로그램 관리 및 성과관리를 전문적으로 수행할 수 있는 기반이 필요하다. 개발된 교육프로그램이 교육여건에 적합한지, 교육프로그램의 도입이 타당한지, 그리고 교육프로그램을 운영할 경우, 사업목표와 사전 성과지표는 무엇인지 등을 체계적으로 설정하여 관리할 필요가 있다. 그리고 교육프로그램 운영과정을 모니터링하여 당초 의도한 대로 진행되고 있는지를 평가하여 운영체계를 개선할 수 있다. 그리고 교육프로그램의 성과 및 효과에 대한 평가결과를 관리하고 피드백 시키는 역할이 필요하다.

Chap. 2

문화예술교육과 파트너십

1 문화예술교육 파트너십이란

2 문화예술교육 파트너십의 중요성과 의의

3 문화예술교육정책의 발전과 파트너십 구축수요 증가

4 파트너십 구축요인

5 파트너십의 형태

6 문화예술교육 정책사업의 파트너십 구축실태와 방향

1. 문화예술교육 파트너십이란

문화예술교육 파트너십이란 문화예술교육 프로그램을 효과적으로 운영하기 위하여 관련기관 및 단체들이 인식을 공유하고 상호협력하는 것을 의미한다. 2005년부터 문화예술교육정책사업으로 추진되고 있는 학교와 지역사회 연계사업의 경우에, 학생들에게 문화예술교육 프로그램을 효과적으로 전달하기 위하여 사업주관기관과 학교가 협력하는 일련의 활동은 문화예술교육 파트너십을 나타내는 대표적인 사례라고 할 수 있다. 마찬가지로 2005년부터 문화예술교육정책사업으로 추진되고 있는 사회취약계층 문화예술교육사업의 경우에, 장애자들에게 문화예술교육 프로그램을 효과적으로 전달하기 위하여 사업주관기관과 장애자복지기관이 협력하는 일련의 활동 또한 문화예술교육 파트너십을 나타내는 대표적인 사례라고 할 수 있다. 이런 의미에서 문화예술교육 파트너십은 문화예술교육정책의 효과성을 증진하기 위한 수단이라고 할 수 있다. 이와 같이 파트너십을 정책수행 관점에서 정의한 것으로는 게디스(Geddes, 2005)[1]를 들 수 있는데, 게디스는 파트너십을 공공정책을 전달하기 위하여 필요한 자원(resources)과 전문기술(skills)을 적정하게 활용하기 위하여 파트너십 참여자들이 위험과 성과를 공유하는 것을 의미하는 것이라고 정의하고 있다. 문화예술교육정책 관점에서 파트너십의 개념적 특성을 살펴보면 다음 몇가지로 구분할 수 있다.

첫째, 문화예술교육 파트너십은 문화예술교육사업의 참여자 및 관련된 다양한 행위자들의 상호작용과 네트워크를 형성하는 중요한 기반요소라는 점에서 문화거버넌스(culture governance) 접근방식의 하나라고 할 수 있다. 문화거버넌스는 문화서비스의 질적 수준을 강화하기 위하여 정부, 비영리부문, 자발적 부문(voluntary sector), 민간부문의 협력네트워크를 구축하기 위한 제도적 접근이기 때문이다.[2] 이것은 문화예술교육사업이 정부를 비롯하여 어느 한 조직만으로는 사업목적을 성공적으로 달성할 수 없다는 것을 의미한다.

---

1 Geddes M., *Making Public Private Partnerships Work: Building Relationships and Understanding Cultures*, Gower, 2005, pp.1~16, 123~131.

2 Jae Moon, M., *Cultural Governance: A Comparative Study of Three Cultural Districts*, Administration & Society, 33(4), 2001, pp.432~454.

둘째, 문화예술교육 파트너십은 문화예술교육프로그램과 연관된 다양한 기관 및 단체들의 상호작용 양식이면서 협력관계구조라는 점에서 네트워크의 한 형식이라고 할 수 있다. 파트너십이 지속적이고 안정적으로 이루어지고, 파트너십에 참여하는 기관 및 단체들 상호간의 협력기반의 신뢰관계가 형성되면 파트너십이 네트워크체계로 발전할 수 있다. 네트워크는 정책사업을 실행하는 데 있어서 행위자들의 상호의존성이 커지고, 정책과정의 복잡성(complexity)이 높아짐에 따라 나타나는 행위자들의 협력망이라고 할 수 있다. 파트너십은 수평적 · 수직적 협력관계망을 의미한다. 파트너십이 주로 제한된 수의 구성원들이 공동작업을 하는 것을 의미한다면, 네트워크는 더 많은 구성원들과의 연합체를 의미한다. 협력관계는 이러한 조직간 관계를 형성하는 주요전략을 의미한다.[3]

셋째, 파트너십의 협력구조는 다양한 층위에서 나타난다. 파트너십 형태는 정책프로그램의 특성과 맥락에 따라 다양하며, 공식적인 측면뿐 아니라 비공식적인 측면을 모두 내포하고 있다. 톰슨과 페리(Thomson & Perry, 2006)는 협력(Collaboration)을 거버넌스 차원, 행정차원, 자율성 차원, 호혜성 차원, 신뢰와 상호성 차원 등 다차원적 관점에서 접근하고 있다.[4] 문화예술교육 파트너십은 공공부문과 민간부문의 파트너십뿐 아니라 공공부문과 공공부

3 Alter C. F.(2000), "Interorganizational collaboration in the task environment," in Patti R.J.ed., *The Handbook of Social Welfare Management*, Sage Publications, Inc.

문, 민간부문과 민간부문의 파트너십을 모두 포괄하고 있다. 그리고 파트너십의 협력관계는 일시적일 수도 있고, 장기적일 수도 있고, 정기적일 수도 있고, 비정기적일 수도 있다.

넷째, 파트너십은 문화예술교육 프로그램을 성공적으로 운영하는 데 필요한 자원을 확보하고, 이를 관리하기 위한 효과적인 방법이다. 관리자는 필요한 자원을 확보할 목적으로, 그리고 위험을 공유할 목적으로, 경쟁자들과의 협력 또는 경쟁, 적응력 증진, 규모의 경제를 달성하기 위하여 파트너십과 네트워크를 구축한다. 파트너십은 변화하는 환경 속에서 자원을 확보하는 데 발생하는 불확실성을 관리하여 안정적으로 자원을 확보할 수 있는 하나의 방법이라는 점에서 환경변화에 대한 전략적 접근방법이라고 할 수 있다.

---

4 Thomson A.M. & Perry J.L.(2006), *Collaboration Processes: Inside the Black Box,* Public Administration Review, December, Special Issue, pp.20~32. 거버넌스 차원은 협력적 거버넌스 과정에 초점을 둔 것으로 협력관계 규칙에 대한 의사결정, 공유된 권력관계를 통한 협력목표 합의, 문제해결 등 다양한 방식으로 협력을 이해하고 있다. 행정차원은 목표달성을 위한 협력적 행정과정에 초점을 둔 것으로 파트너들간의 커뮤니케이션을 중요하게 여긴다. 자율성 차원은 파트너십 참여자들의 개별이익과 집합이익을 조정하는 과정에 초점을 둔 것이다. 호혜적 차원은 상호의존성을 바탕으로 호혜적인 관계를 형성하는 과정에 초점을 둔 것이다. 신뢰와 상호성 차원은 사회적 자본규범을 형성하는 과정에 초점을 둔 것이다.

2. 문화예술교육 파트너십의 중요성과 의의

1. 파트너십 수요에 관한 일반이론

맥퀴이드(McQuaid, 2000)는 파트너십을 협력활동(cooperation)으로 정의하고, 이러한 파트너십이 자원이용 가능성(resource availability), 효과성과 효율성(effectiveness and efficiency), 정당성(legitimacy) 관점에서 필요하다고 지적하였다.[5] 또한 스콧(Scott, 1999, 298~318)은 문화네트워크와 파트너십이 혁신, 자원관리, 전문성 확보, 상호지원, 비용절감, 상호협력, 환경인식 등의 차원

5 McQuaid R.W.(2000), "The theory of partnership: Why Have Partnerships?" in Osborne S.P. (ed), *Public-Private Partnerships: Theory and Practice in International Perspective*, Routledge, pp.9~35.

에서 필요하다고 지적하고 있다.[6] 그리고 우드(Wood)와 그레이(Gray, 1991)는 협력활동이 필요한 이유로 높은 수준의 상호의존, 자원과 위험공유의 필요성, 자원의 희소성, 이전의 협력경험, 각 파트너가 다른 파트너들이 필요로 하는 자원을 가지고 있는 상황, 복합한 이슈 등을 들고 있다.[7] 또한 문화예술교육사업의 참여자 및 관련 행위자들은 협력적 파트너십을 통하여 상호 학습 기회를 체험할 수 있다.[8]

다른 한편으로 파트너십의 필요성 요인 중의 하나는 거버넌스(governance)에 대한 수요가 확대되고 있다는 점이다. 공공정책에 대한 거버넌스 접근은 기본적으로 정부(government)와 시장(market)만으로는 공공서비스를 전달하는 데 한계가 있기 때문에 정부, 민간부문, 비영리부문 등 관련된 다양한 행위자들의 상호작용과 네트워크를 통해서 공공정책을 추진하는 것을 의미한다고 볼 수 있다.[9] 이러한 상호작용과 네트워크는 공식적인 권한관계뿐 아니라 비공식적인 관계를 모두 포함하며, 제도(institution)이

---

6 Scott L.(1999), "Networks: New Tools for Innovation and Exploration," in Fitzgibbon M & Anne Kelly, *From Maestro to Manager: Critical Issues in Arts and Culture Management*, Oak Tree Press, pp.297~318.

7 Wood, Donna, and Barbara Gray.(1991), "Toward a Comprehensive Theory of Collaboration," *Journal of Applied Behavioral Science* 27(2): pp.139~62.

8 Arts Council of England, From Policy to Partnership: Developing the Arts in Schools, 2000, pp.8~11. Arts Council of England, Artists Working in Partnership with Schools, 2004.

9 Rhodes R.A.W.(1997), *Understanding Governance, Buckingham*: Open University Press.

면서 과정(process)이라고 할 수 있다. 이런 의미에서 문화거버넌스(culture government)는 문화정책체계를 구성하는 다양한 행위자들의 상호작용과 네트워크 체계를 나타낸 것이라고 할 수 있다.[10] 이러한 문화거버넌스는 지역거버넌스(regional governance)의 독특한 형태의 하나로서 특정지역에서 문화서비스의 질적 수준을 강화하기 위한 제도적 접근이라고 할 수 있다.[11]

이러한 거버넌스 접근은 문화예술교육 정책을 추진하고, 이해하는 데 중요한 도구로 활용될 수 있다. 이것은 문화예술교육 정책사업이 문화예술 및 교육에 대한 전문성을 필요로 하며, 학교, 예술가, 문화기관, 지역사회 단체 등 다양한 영역의 전문가와 단체가 참여해야 하기 때문이다. 그러나 우리나라의 문화예술교육 정책에서 문화거버넌스 체계에 관한 논의는 매우 초기단계로서 아직 그 체계가 정립되어 있지 않다.

10 오수길, 김홍수(2004), "새로운 문화거버넌스의 가능성과 한계: 문화축제에 대한 Q 방법론의 적용을 중심으로," 『문화정책논총』 16, pp. 33~34. 서울시정개발연구원(2005), 『서울문화재단 문화제휴 전략 모델 및 프로그램 개발연구』, pp.9~23.

11 Jae Moon, M.(2001), "Cultural Governance: A Comparative Study of Three Cultural Districts," *Administration & Society*, Vol.33, No.4, pp.432~454.

2. 문화예술교육사업의 관리와 파트너십

파트너십은 문화예술교육사업을 효과적으로 추진하는 데 있어서 가장 중요한 요소 중의 하나라고 할 수 있다. 학교와 지역사회 연계 문화예술교육사업의 경우에는 예술적 전문성과 교육적 전문성을 모두 필요로 하기 때문에, 예술부문과 교육부문, 그리고 지역사회의 협력과 파트너십이 매우 중요하다고 할 수 있다. 학교와 지역사회 연계 문화예술교육 사업은 정부가 민간비영리조직을 사업주관기관으로 설정하여 지역학생들에게 문화예술교육 서비스를 전달하는 정책사업이라는 점에서 공공부문과 민간부문의 파트너십(public private partnership)을 기반으로 추진되고 있다고 할 수 있다.

문화예술교육사업이 지역단위에서 성공적으로 추진되기 위해서는 문화예술교육 수요, 문화예술교육 프로그램의 기획 및 운영능력, 문화예술교육인력, 문화예술교육 시설과 기자재, 교육콘텐츠, 그리고 문화예술교육 관련전문가 및 단체들간의 협력네트워크 등 여러 가지 다양한 요인들이 갖춰질 필요가 있다. 그러나 이러한 요건을 갖춘 지역은 그리 많지 않으며, 대부분의 지역은 문화예술교육 프로그램 운영기반이 취약한 실정이다. 또한 문화예술교육 프로그램을 수행하는 조직은 지방문화원, 문화의 집, 주민자치센터, 문화재단, 문화예술회관, 공동도서관, 박물관과 미술관, 청소년회관, 평생학습관 등 다양하지만, 조직간 연계는 활발하게 이루어지고 있지 않은 실정이다.

이러한 맥락에서 문화예술교육정책사업을 효과적이고 혁신적으로 추진하기 위해서는 문화네트워크의 관점에서 재조명하고, 이를 바탕으로 추진체계를 구축할 필요가 있다. 그러나 이 부문에 대한 기존의 연구와 담론은 상대적으로 매우 취약한 실정이며, 문화예술교육 프로그램 현장에서 문화네트워크 구축을 위한 실무지침 또한 취약한 실정이다. 그리고 문화교육 프로그램을 합리적으로 추진하는 데 필요한 자원(resources)들에 대한 지표체계가 구축되어 있지 않으며, 이를 위한 지표조사가 체계적으로 이루어지고 있지 않다.

한편 파트너십은 문화예술교육사업을 운영하는 데 필요한 자원(resources)을 확보하고 관리하는 데 있어서 상호협력관계를 유지하기 위한 활동이다. 이러한 자원으로는 강사, 교육콘텐츠, 교육시설과 기자재, 지식과 정보, 시간, 교육대상집단인 학생 등을 들 수 있다. 학교학생들을 대상으로 문화예술교육사업을 운영하는 경우, 학교는 정규교육과정에서 문화예술교육을 위한 시간을 확보하고, 교육대상인 학생을 선정하는 데 있어서 핵심역할을 수행할 수 있는 위치에 있다고 할 수 있다. 또한 학교는 학교교육과정, 학생들의 특성, 교육방법론 등에 대한 지식과 정보를 강사 및 사업주관기관에 제공할 수 있다. 교육시설과 기자재에 대해서는 학교와 사업주관기관, 그리고 관련시설과 기자재를 확보하고 있는 다른 문화예술단체 및 공간 등을 들 수 있다.

또한 교육프로그램의 기획, 집행, 평가 및 환류 등 교육프로그램 추진과정에서 학교와 사업주관기관이 공동으로 참여하는 파트너십을 고려해 볼 수 있다. 사업주관기관은 교육프로그램을 기획하고 개발하는 과정에서 조사연구, 교육프로그램 기획, 교육프로그램 사전평가 등을 학교와 지역사회의 문화예술단체와 공동으로 진행할 수 있다. 또한 사업주관기관은 교육프로그램을 집행하는 과정에서 직접 세부 교육프로그램을 담당하는 경우도 있고, 세부 교육프로그램의 특성에 따라 전문문화예술단체를 해당 교육프로그램 운영자로 활용할 수도 있다.

[표 2-1] 문화예술교육사업의 과정과 파트너십

사업과정	조사연구, 평가파트너십	자원파트너십	행정지원 파트너십
수요 · 환경분석 및 인식공유	•수요조사 · 교육환경 분석 •교육인프라스트럭처 진단 •지역적합성 평가	인력, 시설, 기자재, 지식정보, 재정	•조사분석협력 행정지원 •인식공유
기획, 개발	•프로그램 설계 •세부계획 수립 •사전성과지표개발	인력, 시설, 기자재, 지식정보, 재정	•사업계획서 공동개발 •관계자 공동워크숍 개최 •전문가 자문회의 개최
집행	•교육프로그램 마케팅조사 •강사 선정 조사 •모니터링 평가	인력, 시설, 기자재, 지식정보, 재정	•교육대상선정 •홍보마케팅 행정지원 •지식정보서비스 지원 •조정
성과측정 및 환류	•성과측정 조사 및 환류 •평가단운영	인력, 시설, 기자재, 지식정보, 재정	•성과측정협력 행정지원 •성과결과의 공유

3. 해외의 파트너십 사례

영국은 예술센터(arts center) 사업, '창의적 파트너십(Creative Partnership)' 사업 등 다양한 예술교육사업을 추진하고 있는데, 예술교육사업의 효과성을 증진하는 가장 중요한 요소로 학교, 창작단체, 예술가, 지역사회단체 등 관련 행위자 및 단체의 파트너십을 강조하고 있다.[12] 영국예술진흥원(Arts Council of England, 2000)[13]의 연구보고서에 따르면, 예술파트너십(arts partnerships)은 ① 우수성 확보, ② 신뢰구축, ③ 참여촉진, ④ 다양한 문화 체험 및 학습기회 확대, ⑤ 협력기술 개발 등을 통하여 학교예술교육정책의 효과성을 확보하기 위한 핵심요소이다. 영국이 2002년부터 잉글랜드의 36개의 소외된 지역을 중심으로 추진하고 있는 '창의적 파트너십' 사업도 파트너십을 바탕으로 하고 있다. 창의적 파트너십사업은 학교, 창의적 실천가, 창의적 조직 간의 지속가능한 관계를 형성하기 위해서 설계되었다. 여기서 창의적 실천가란 학교교과서를 넘어 새로운 교육방법을 개발하여 학교교육에 새로운 활력을 불어넣는 인력을 의미한다. 2006년 7월 현재 '창의적 파트너십' 사업을 통해 2500개 이상의 학교들이 혜택을 받고 있으며, 3,500명 정도의 창의적 실천가들이 참여하고 있다.

---

12 Felicity Woolf, "*Partnerships for Learning: a Guide to Evaluating Arts Education Projects*," Arts Council of England, 1999.

13 Arts Council of England, "*From Policy to Partnership: Developing the Arts in Schools*," 2000.

영국의 문화미디어스포츠부는 '창의적 파트너십' 사업을 통하여 창의적인 교육을 전달할 창의적 실천가와 조직들의 수를 증가시키려고 하고 있다. 또한 '창의적 파트너십' 사업은 문화영역과 창조영역이 학교와 함께 효과적으로 작업하는 역량을 함양하고, 이러한 영역의 전문가들이 교육환경에서 필요로 하는 전문적인 역량을 함양하는 것을 중요한 목적으로 추구하고 있다. 이러한 '창의적 파트너십' 모델은 학교와 문화현장 실천가의 협력을 바탕으로 이루어진다. 이러한 파트너십 관계는 장기간 지속될 수 있는 협력관계이어야 하며, 고도의 전문성과 참여의지를 필요로 한다. 창의적 파트너십 프로젝트는 [그림 2-1]에 나타난 바와 같이 프로그램 기획, 설계, 전달, 평가 등의 과정을 통해서 이루어지며, 이 과정에서 학교, 문화부문, 창의적 파트너십사업 관계자

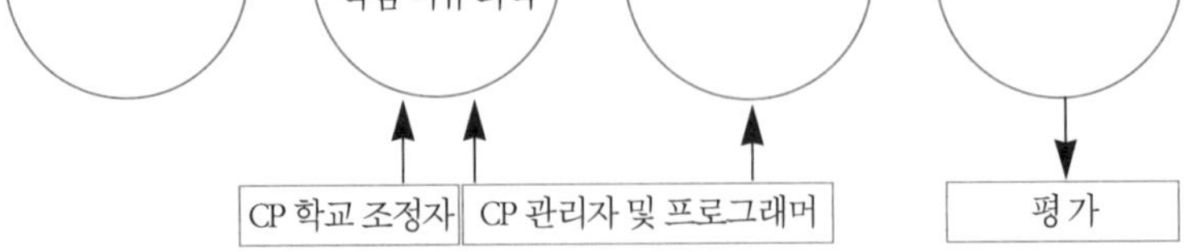

자료: Burns Owens Patnership(2006), *Study of the Impact of Creative Partnerships on the Cutural and Creative Economy*(www.bop.co.uk).

[그림 2-1] 창의적 파트너십 프로젝트(CP) 모델

등의 협력활동이 이루어진다.[14]

호주예술진흥원(Austalia Council for the Arts, 2005)[15] 또한 예술교육에 대한 조사연구를 통하여 예술가와 학교교사, 가족, 지역사회, 그리고 행정조직간의 협력적 파트너십(collaborative partnerships)을 예술교육의 효과성에 영향을 미치는 중요한 요인으로 지적하고 있다. 호주예술진흥원(2005)[16]은 예술교육사업이 효과적으로 추진되기 위해서 갖춰야 할 요인으로 학생중심교육, 행정지원, 전문성, 적극적인 학습환경, 통합된 프로그램, 예술다양성, 적극적인 역할모델, 프로그램의 투명성과 신축성, 문화적 차이인식, 지속성과 연속성, 예술가와의 파트너십 등을 제시하고 있다.

미국의 NEA(National Endowment Agency)는 1980년대 중반부터 예술교육(arts education)에 관한 연구를 진행하고 있는데, 지역사회의 예술단체, 학교, 주립예술진흥기관 등 관련 행위자 및 조직들간의 파트너십과 네트워크를 정책효과성을 증진하는 가장 중요한 요소의 하나로 고려하고 있다.[17] 1965년에 설립된 NEA는 1970년대와 1980년대에 예술가 상주프로그램과 학교와 지역사회의 연

14 Burns Owens Patnership(2006), *Study of the Impact of Creative Partnerships on the Cutural and Creative Economy*(www.bop.co.uk)

15 Australia Council for the Arts, *Education and the Arts Research Overview*, 2005, pp.5~8.

16 Australia Council for the Arts, *Education and the Arts Research Overview*, 2005, pp.33~36.

17 NEA, *Learning Through the Arts: A Guide to the National Endowment for the Arts and Arts Education*, 2002, pp.12~19.

계프로그램을 운영하여 왔으며, 1992년에는 교육부와 '미국 2000 예술파트너십' 을 형성하였다.

파트너십사업은 주정부 파트너십사업, 연방정부 파트너십사업, 공공부문과 민간부문의 파트너십사업으로 구분하여 살펴볼 수 있다. 주정부예술기관(SAA, State Arts Agencies)은 NEA로부터 예술교육프로그램과 서비스를 위한 지원을 받을 뿐 아니라 기술적인 지원 및 예술교육관리자(arts education managers)의 전문성 개발 등의 지원을 받고 있다. 주정부예술기관은 또한 지역학교에서 교육개혁과정과 개선과정에서 예술의 중요성이 반영될 수 있도록 주도적인 역할을 수행하고 있다. 이러한 주정부예술기관은 주로 예술가, 강사, 학교 및 예술행정가에 대한 전문인력의 양성, 예술가와 교사 및 지역주민간의 협력, 교육과정 개발, 인식개선 등의 사업을 추진하고 있다.

연방정부수준에서 NEA와 교육부의 파트너십사업으로는 국립예술교육연구센터 지원 사업, 국립교육발전평가원(National Assessment of Educational Progress)과 협력사업, 자발적인 예술교육 표준 확립사업, 연구개발 사업 등을 들 수 있다. 대표적인 사례로는 1999년에 설립된 예술교육파트너십(Arts Education Partnership) 조직을 들 수 있다. 이 기구는 주정부예술기관과 교육기관이 공동으로 설립한 것인데, 여기에는 예술분야, 교육분야, 기업분야, 정부분야의 140여개 이상의 조직들이 참여하고 있다.

또 다른 사업으로는 예술교육모델 개발 및 확산프로그램(Arts in Education Model Development and Dissemination Program)이 있다. 이

사업은 예술교육과정을 개발하고, 학교교육과정에 예술부문을 포함시키는 활동을 하고 있다. 그리고 위기의 청소년을 위한 문화파트너십 프로그램(Cultural Partnership for At-Risk Children and Youth Program)은 지역사회와 학교의 파트너십 보조금사업이다. 미디어 리터러시(Media Literacy Initiative)사업은 전자미디어 이미지의 예술적 콘텐츠에 대한 청소년들의 이해를 증진하기 위한 것이다. 이 사업도 학교와 예술기반조직의 파트너십을 통하여 이루어진다. 음악교육자를 위한 전문과정 프로그램(Professional Development for Music Educators Program)은 음악교육 담당자들을 대상으로 고도의 전문성을 향상시키기 위한 지원사업이다.

NEA는 또한 교육부뿐만 아니라 법무부, 건설 및 도시개발부, 예술과 인문학을 위한 대통령위원회(President' s Committee on the Arts and the Humanities) 등과도 학교와 지역사회에서 예술교육을 기획하고 집행하는 과정에서 협력관계를 유지하고 있다. 창의적 지역사회 만들기(Creative Communities) 프로그램은 예술교육과 사회취약계층의 청소년들을 연계한 대표적인 사례이다. 법무부와의 협력사업으로는 Arts Programs for Youth in Detention and Corrections, Partnership for Conflict Resolution Education in the Arts, Youth Arts Development Project 등을 들 수 있다.

한편 공공부문과 민간부문의 파트너십사업으로는 Arts for Learning사업과 Songs of the Century사업이 있다. Songs of the Century사업은 미국의 음악과 문화유산을 학교에서 교육하기 위한 사업으로, 미국의 음악산업협회(The Recording Industry Association of

America)와 협력하여 음악의 발전과정을 역사적 · 사회적 · 문화적 · 기술적 관점에서 교육한다.

3. 문화예술교육정책의 발전과 파트너십 구축수요 증가

1. 문화예술교육 영역의 확대

문화예술교육이 학교교육, 문화정책, 문화공간경영, 사회복지, 교정행정, 평생교육, 생태환경교육 등 다양한 전문영역과 연계하여 이루어지고 있다. 이와 관련하여 문화예술교육과정에 참여하는 행위자들의 폭이 문화예술 분야에서 사회복지 및 교육 분야 등으로 확대되고 있다. 이와 같이 문화예술교육 영역이 확대되면서 파트너십 수요 또한 커지고 있다. 문화예술교육사업의 질적 수준을 제고하고 전문성을 확보하기 위해서는 문화예술교육영역과 관련영역을 둘러싼 학제적 조사연구에 대한 수요가 확대되며, 이를 위한 파트너십 수요 또한 커지기 때문이다. 이러한 학제적 접근을 위한 파트너십 수요는 문화예술교육과정을 개발하는 과정, 사업 참여자들 간의 인식공유 과정, 교육대상 집단에 대한 홍보마케팅 과정, 교육사업에 대한 모니터링 및 평가과정 등 문화예술교육사업을 추진하는 전 과정에서 나타난다.

2. 교육대상집단의 다양화

문화예술교육의 대상이 청소년과 지역주민 등 일반대상에서 장애인, 노인, 여성, 사회취약계층 등으로 세분화되면서 이러한 대상집단들과 관련된 단체나 기관, 전문 인력 등과의 협력이 문화예술교육사업의 효과성을 증진하는 중요한 요소로 부각되고 있다. 문화예술교육사업이 성공적으로 운영되기 위해서는 무엇보다도 교육대상집단의 특성에 대한 지식과 정보를 충분하게 확보해야 하며, 교육대상집단의 특성에 적합한 교육과정을 설계하고 운영해야 한다. 따라서 문화예술교육사업을 추진하는 사업조직은 교육대상집단과 직접 또는 간접으로 연관되어 있는 기관 및 단체, 그리고 전문가들과의 파트너십을 구축할 필요가 있다.

문화예술교육 강사 또한 교육프로그램을 교육대상에 적합하게 재구성하여 이에 적합한 교육방법을 개발해야 하기 때문에, 교육대상에 대해 기존에 충분한 정보를 관리하고 있는 관련단체들 및 전문가들과 협력관계를 구축할 필요가 있다. 또한 교육대상집단과 연관 있는 기관 및 단체들은 문화예술교육사업조직이 문화예술교육사업에 참여할 교육대상 집단을 선정하고, 이와 연관된 홍보마케팅 활동을 수행하는데 있어서도 파트너로서 역할을 수행할 수 있다. 또한 교육대상집단과 밀접한 연관을 맺고 있는 기관 및 단체들은 문화예술교육에 필요한 공간과 기자재, 그리고 보조인력 등을 제공할 수 있다는 점에서도 문화예술교육사업의 중요한 파트너라고 할 수 있다.

3. 파트너십 수요의 변화: 행정지원에서 전문성으로

문화예술교육사업을 개발하여 정책적으로 추진하는 경우에, 초기단계에서는 재정지원과 행정지원 등 지원체계를 중심으로 한 파트너십 수요가 중요하다. 이러한 지원체계는 문화예술교육사업이 지역의 교육현장에서 이루어지는 데 필요한 가장 기본적인 구조라고 할 수 있다. 정부의 문화예술교육정책을 추진하고 있는 한국문화예술교육진흥원도 2005년에 설립된 이래 현재까지 문화관광부, 교육인적자원부, 국방부, 지방자치단체, 교육청, 지역현장의 문화예술교육사업 주관기관 등과의 협력관계를 구축함으로써 문화예술교육 지원사업을 효과적으로 추진할 수 있는 지원체계를 정립하기 위해 노력해 왔다. 지역에서 문화예술교육사업을 추진하고 있는 사업주관기관 또한 초기단계에서는 지방자치단체, 교육청, 한국문화예술교육진흥원, 학교, 사회복지기관 등과 문화예술교육사업을 효과적으로 추진할 수 있는 지원체계를 구축하는데 관심을 가져왔다. 앞으로 이러한 지원체계의 구축에 초점을 둔 파트너십 활동은 문화예술교육사업의 실질적 성과를 산출하기 위한 전문파트너십 활동으로 발전될 필요가 있다. 전문파트너십이란 교육대상집단의 특성에 적합한 문화예술교육과정과 방법을 개발하고, 우수한 전문강사를 선정 · 지원함으로써 교육성과를 증진하는 데 초점을 둔 파트너십이라고 할 수 있다.

4. 지역문화예술교육정책의 패러다임 전환

2004년에 문화관광부에 문화예술교육과가 신설되고, 산하에 문화예술교육 정책을 전담하는 한국문화예술교육진흥원이 설립 · 운영되면서 문화예술교육 정책추진기반을 구축하고 있다. 한국문화예술교육진흥원은 그동안 문화예술교육의 중요성 인식제고, 예술강사 지원사업, 학교-지역사회 연계 문화예술교육 시범사업, 사회문화예술교육프로그램 개발 운영사업, 예술치유사업, 문화예술교육인력양성사업, 문화예술교육 국제교류사업, 연구사업, 평가사업, 문화예술교육사이트 아르테 운영사업 등 다양한 사업을 추진하고 있다.

2005년 12월에 제정된 문화예술교육지원법은 2006년부터 본격적으로 시행됨에 따라 앞으로 문화예술교육정책을 추진하는 데 있어서 중요한 법적 기반으로 작용할 것이다. 이 법은 국가뿐 아니라 지방자치단체의 문화예술교육 지원정책에 대한 법적 준거를 제공할 뿐 아니라 앞으로 문화예술교육을 활성화하기 위해서 국가와 지방자치단체, 그리고 공공 및 민간부문 조직들이 추구해야 할 일이 무엇인지에 대한 방향을 제시해 주고 있다는 점에서 의미가 있다고 할 수 있다.

이 법에 따르면, 지방자치단체는 국가의 정책과 지역적 특성을 고려하여 문화예술교육정책에 종합적인 비전과 전략을 수립하고, 이를 위한 지원정책을 수립해야 한다. 이러한 계획에는 ① 문화예술교육에 관한 종합계획의 수립시행, ② 문화예술교육에 대한 국민의 인식 제고, ③ 교원에 대한 문화예술교육 관련 전문성 강화지원, ④ 문화예술교육 전문인력의 양성배치, 처우 및 연수, ⑤ 문화예술 관련 교육과정 및 교육내용의 연구개발 및 보급지원, ⑥ 교육시설 및 교육단체의 지원평가, ⑦ 문화예술교육에 필요한 시설 및 장비의 확충관리, ⑧ 문화예술교육 연구의 지원, ⑨ 학교문화예술교육과 사회문화예술교육과의 연계, ⑩ 문화예술교육협력망의 구축 및 운영, ⑪ 그 밖에 문화예술교육의 지원에 관하여 필요한 사항 등이 포함되어야 한다.

앞으로 지역문화예술교육이 효과적으로 추진되기 위해서는 중앙과 지방, 공공부문과 민간부문의 파트너십을 기반으로 한 문화거버넌스 체계를 구축할 필요가 있다. 기존의 개별 문화공간에서 분절적으로 실시하던 문화예술교육 프로그램 운영체계만으로는 관련영역간의 창의적 파트너십과 네트워크에 기반을 둔 새로운 문화예술교육체계를 담아내는 데 한계가 있다.

4. 파트너십 구축요인

1. 정부와 비영리조직의 협력이론

정부와 비영리조직의 협력이론은 준정부조직이나 제3자 정부, 제3섹터 영역조직 등에 관한 논의를 바탕으로 발전하였다. 이러한 논의는 정부기구를 확대하지 않고 공공서비스를 확대하기 위한 차원에서 대두되었다. 정부의 역할수행방식이 정부주도 방식에서 정책거버넌스 방식으로 전환되고 있는 것이다. 이러한 정부와 비영리조직의 협력이론에 따르면, 비영리조직은 정부조직은 아니지만 정부의 파트너로서 공공부문의 정책사업을 추진하는 중요한 행위자라고 할 수 있다. [그림 2-2]는 정책사업에 참여하는 행위자들을 공공성(publicness)의 정도에 따라 구분한 것이다.

문화예술교육사업은 다양한 행위자들의 상호작용과 네트워크를 바탕으로 추진될 수 있다는 점에서 문화거버넌스(culture governance) 접근을 필요로 한다고 볼 수 있다. 문화거버넌스는 문화서비스의 질적 수준을 강화하기 위하여 정부, 비영리부문, 자발적 부문(voluntary sector), 민간부문의 협력네트워크를 구축하기 위한 제도적 접근이기 때문이다.[18] 이러한 문화거버넌스 접근은 문화예술교육사업이 전문성을 필요로 하고, 복잡성이 높기 때문에

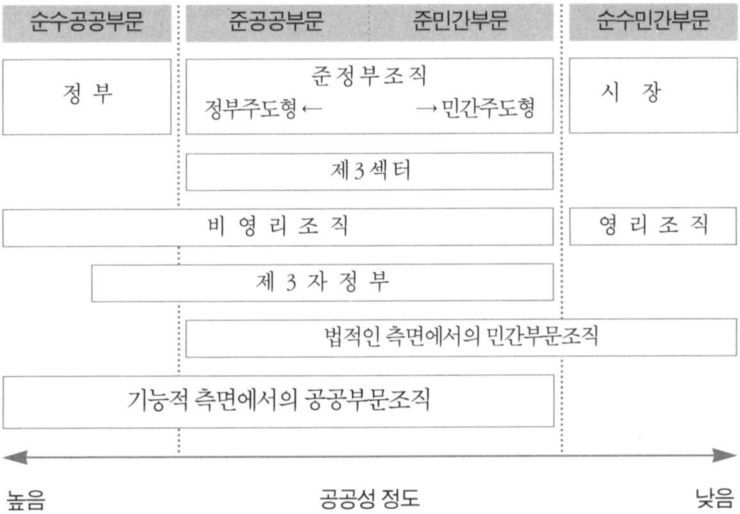

자료: 임학순(2003),『창의적 문화사회와 문화정책』 진한도서.

[그림 2-2] 문화사업 참여조직의 유형

---

18 Jae Moon, M., *Cultural Governance: A Comparative Study of Three Cultural Districts*, Administration & Society, 33(4), 2001, pp.432~454.

정부 조직만으로는 효과성을 담보할 수 없다는 인식에 바탕을 둔 것이다. 다른 한편으로 문화예술교육사업은 시장실패가 존재하는 영역이 존재하기 때문에 민간부문만으로는 한계가 있으며, 정부 등 공공부문과의 협력을 필요로 한다. 문화예술교육사업에 있어서 문화거버넌스의 형태는 문화예술교육사업의 특성과 맥락에 따라 다양하며, 공식적인 측면과 비공식적인 측면을 모두 내포하고 있다.

2. 파트너십 구축요인에 대한 이론적 연구경향

파트너십이 예술교육사업에 있어서 중요하게 고려되고 있음에도 불구하고, 이러한 파트너십을 실제현장에서 성공적으로 구축하여 운영하기 위한 모델에 관한 논의는 상대적으로 취약하다. 우리나라에서는 1990년대 중반 이후 지역문화정책의 효과성을 증진하기 위해서는 관련 기관들간의 파트너십과 네트워크 체계를 구축하는 일이 중요한 과제라고 지적되어 왔지만, 이러한 파트너십을 구축하는 데 고려해야 할 요인에 관한 연구는 체계적으로 이루어지지 못했다.

문화예술교육 정책체계에서 파트너십에 관한 연구는 문화관광부가 2006년에 발간한 『학교-지역사회 연계 문화예술교육 시범사업 평가 및 발전방안 연구』에서 부분적으로 이루어졌다. 이 보고서(2006)[19]에서는 파트너십이 문화예술교육 프로그램을 평가하는 중요한 지표라고 지적하고 있는데, 이러한 파트너십을 평가하기 위한 세부지표로 ① 학교와의 파트너십 구축, ② 현장교사와의 협력, ③ 교육청, 지방자치단체와의 협력, ④ 지역문화예술단체 및 사회단체와의 협력, ⑤ 우수강사 확보 및 관리체계, ⑥ 사업추진기관의 인식공유 및 협력네트워크 구축노력 등을 제시한 바 있다.

그리고 임학순(2001)은 『문화의 집과 지역사회단체와의 동반자관계 형성에 관한 연구』에서 문화예술인과 문화예술단체 등은 문화의 집 프로그램 과정에 자문 및 정보제공, 프로그램 공동개발, 프로그램 진행 등의 형태로 참여하고 있는 것으로 나타났다. 그리고 이러한 참여는 공식적인 방식뿐 아니라 비공식적인 방식으로 이루어지고 있었다. 특히 기존의 동아리조직 및 문화의 집을 통해 형성된 동아리조직들과의 협력관계는 문화의 집 프로그램을 운영하는 데 기여하고 있는 것으로 나타났다. 이와 같이 지역사회의 각종 단체와 문화동아리 모임간의 연계가 잘 이루어질 때, 문화의 집은 다양한 프로그램을 기획 · 운영할 수 있으며, 공동프로그램 운영 등 유기적인 협력관계를 구축할 수 있을 것이다. 그리고 문화의 집이 지역사회와의 협력관계를 형성하는 데 있어서 문화의 집 현장책임자들의 의지와 열정이 가장 중요한 역할을 수행하고 있는 것으로 나타났다.[20]

19 문화관광부, 『학교-지역사회 연계 문화예술교육 시범사업 평가 및 발전방안 연구』 2006, pp.34~58.

문화예술교육 파트너십 구축요인과 관련된 해외 연구로는 영국예술위원회의 연구를 들 수 있다. 영국예술위원회(Arts Council of England, 2000)[21]는 예술교육 파트너십을 구축하기 위한 기획요인으로 ① 예술가와의 다양한 작업방식, ② 예술형식(arts forms)의 범위, ③ 시설과 공간, ④ 예술 활동의 질적 수준, ⑤ 예술가의 교육활동 지원방식, ⑥ 파트너십 목적의 명료성과 인식공유 등을 제시하였다. 그 외에도 영국예술위원회는 예술교육 파트너십을 구축하기 위해서는 예술교육 관련 정보 DB 구축, 전문인력과 예술가를 확보하기 위한 다른 기관과의 연계체계 구축, 교육프로그램 공동마케팅, 프로젝트 관리를 위한 관련 조직간 연계체계 구축, 파트너십 전담인력 확보, 학교담당자에 대한 인식개선 노력, 사업평가 및 환류체계 등이 필요하다고 지적하고 있다.

로스와 오스본(Ross & Osborne, 1999)[22]은 지역사회 거버넌스체계에서 공공부문과 자발적 단체의 파트너십을 참여와 민주주의 관점에서 이해하고, 이를 위해서는 신뢰(trust), 가치변화(value), 관계자 역할의 재구조화, 자발적 단체의 참여 및 권한확대 등이 필

---

20 임학순(2001), "문화공간의 아마추어예술 프로그램 운영과정에서 지역사회단체와의 동반자 관계 형성에 관한 연구- 문화의 집 사례를 중심으로," 한국예술경영학회 창립논문.

21 Arts Council of England, *From Policy to Partnership: Developing the Arts in Schools*, 2000, pp.13~20.

22 Ross K..Osborne S.P. "Making a Reality of Community Governance : Structuring Government-Voluntary Sector Relationships at the Local Level," : *Public Policy and Administration*, Vol.14, No.2 1999, pp.49~61.

요하다고 지적하고 있다. 그리고 그레이(Gray, 1985)는 파트너십을 성공적으로 구축하기 위한 요인으로 ① 커뮤니케이션 확보, ② 공유된 비전개발, ③ 신뢰구축 및 지속성확보 등을 제시하고 있다.[23]

게디스(Geddes, 2005)[24]는 파트너십을 공공정책을 전달하기 위하여 필요한 자원(resources)과 전문기술(skills)을 적정하게 활용하기 위하여 파트너십 참여자들이 위험과 성과를 공유하는 것을 의미하는 것이라고 정의하고, 파트너십의 성공요인으로 ① 목적과 목표(purpose and objectives), ② 리더십 수준(leadership quality), ③ 파트너십 가치(partnership values), ④ 관리(management) 등을 제시하고 있다.

게디스가 제시한 파트너십의 성공요인들을 보다 자세하게 설명하면 다음과 같다.

첫째, 목적과 목표는 명확하여 참여자들이 공유할 수 있어야 한다. 그리고 파트너십 참여자들은 상호존중을 바탕으로 협력관계를 형성하고, 이러한 관계는 장기적으로 지속되어야 한다.

둘째, 리더십 수준과 관련하여 파트너십 리더는 파트너십 참여자들의 조정과 협력네트워크를 구축할 수 있는 정치적 기술을 확보하고, 인적 네트워크를 구축할 수 있는 역량을 갖출 필요가 있다. 그리고 파트너십이 장기적으로 유지되기 위해서는 리더십 행

---

23 Gray, B(1985), "Conditions Facilitating Interorganizational Collaboration," Human Relations, Vol.14, No.2, pp.911~936.

24 Geddes M., *Making Public Private Partnerships Work : Building Relationships and Understanding Cultures*, Gower, 2005, pp.1~16, 123~131.

사에 있어서 일관성(consistency)을 확보해야 한다.

셋째, 파트너십 가치를 형성하는 주요요인으로는 ① 개방성과 신뢰, ② 성실성과 공평성, ③ 위험과 보상에 대한 상호지원, ④ 파트너들의 문화적, 행태적 변화에 대한 인식 공유 등을 들 수 있다.

넷째, 파트너십 관리와 관련된 요인으로는 ① 철저한 준비와 계획수립, ② 참여자의 균형성, ③ 책임감 인식, ④ 명확한 사업계획, ⑤ 정기적인 성과분석, ⑥ 파트너들과의 우수한 작업관계, ⑦ 자원확보의 지속성 등을 들 수 있다.

한편 알터(Alter, 2000)는 파트너십을 성공적으로 구축하기 위한 지침을 개발하여 제시하고 있다.[25] 알터에 따르면 초기단계에서는 파트너를 찾는 일이 중요하다. 파트너십을 발전시키는 것은 권력을 공유한다는 점에서 정치과정이라는 점을 이해할 필요가 있다. 따라서 파트너십 구축활동은 고도의 커뮤니케이션과 갈등해결 역량을 필요로 한다. 초기에 파트너를 찾는 과정에서 고려해야 할 주요사항으로 다음 세 가지를 제시하고 있다.

첫째, 협상과 갈등해결을 위한 커뮤니케이션을 확립해야 한다. 이를 위해서는 개방적인 커뮤니케이션 시스템을 확립할 필요가

---

25 Alter C. F.(2000), "Interorganizational Collaboration in the Task Environment," in Patti R.J.ed., *The Handbook of Social Welfare Management*, Sage Publications, Inc.

있다. 파트너를 탐색하기 위하여 관리자는 지역의 권력과 자원분포 실태를 파악할 필요가 있다. 잠재적 파트너가 선정되면, 잠재적 파트너의 동기와 협력의지에 대해 파악해야 한다.

둘째, 공통된 인지구조를 형성해야 한다. 이를 위해서는 공유된 비전을 개발하고 이에 대한 합의를 창출해야 한다. 그리고 문제를 정의하는 것과 해결책을 찾는 것에 대해 인식을 같이 할 필요가 있다.

셋째, 신뢰를 확보해야 한다. 파트너십에 참여하는 개인과 단체는 다양한 사회문화적 · 경제적 맥락에 뿌리를 두고 있기 때문에 신뢰형성은 매우 중요한 요소이다. 그리고 개인간 관계의 질적 수준에 따라 파트너십이 상당히 영향을 받는다. 효과적인 파트너십은 비공식 관계에서의 개인들의 상호작용과 공식적인 관계에서의 집단들의 상호작용을 통해서 형성 · 발전한다.

알터는 또한 파트너십 집행단계에서는 운영계획을 수립할 필요가 있다고 제시하고 있다. 이와 관련하여 관리자는 파트너십을 형성하는 목적을 명확하게 이해하고, 이를 바탕으로 목적을 달성하는 데 효과적인 구조와 과정을 설계해야 한다. 알터는 파트너십 집행단계에서는 안정적이면서도 융통적인 거버넌스 구조를 확립해야 한다고 제시하고 있다. 파트너십은 고정된 거버넌스 구조가 아니라 융통적인 거버넌스 구조를 가지고 있기 때문이다.

이러한 파트너십의 일반이론들은 문화예술교육사업이 공공프로젝트의 관리속성을 내포하고 있다는 점에서 문화예술교육 파트너십을 구축하는 데 중요한 시사점을 제공하고 있다고 볼 수 있다. 문화예술교육과 밀접한 연관을 지니고 있는 평생교육과 관련하여 오혁진(2003)은 평생교육기관의 파트너십 사례를 중심으로 성공적인 파트너십의 특성을 제시하고 있다. 오혁진은 이러한 특성으로 ① 명확하고 유의미한 목적의 공유, ② 성과와 위험부담의 공유, ③ 충분한 자원과 시간확보, ④ 정확한 파트너십 형태와 수준선택, ⑤ 핵심인물의 존재와 리더십, ⑥ 융통성의 발휘, ⑦ 기관장점의 강화, ⑧ 합리적인 의사소통 및 의사결정 체제구축, ⑨ 주요 이해당사자들의 주체적 참여유도 등을 제시한 바 있다.[26]

26 오혁진(2003), 『평생교육경영학』 학지사, pp.323~327.

5. 파트너십의 형태

문화예술교육 파트너십의 형태는 사업주관기관의 특성, 문화예술교육 프로그램의 특성, 교육대상집단의 특성, 지역의 협력관계 문화, 파트너십의 목적 등에 따라 그 유형이 다양하다. 맥퀴이드(McQuaid, 2000)는 파트너십의 유형이 목적(purpose), 참여자(who is involved), 시기(when), 장소와 대상(where, whom), 수단(how) 등에 따라 다양하다고 지적한 바 있다.[27] 스켈처(Skelcher, 2005)는 공공과 민간의 파트너십(PPPs: Public-Private Partnerships)은 정부의 자원과 민간부문의 자원을 사회적인 목적을 위하여 결합하여 사용하는

27 McQuaid, R.W.(2000), "The Theory of Partnership: Why Have Partnerships?" in Osborne .S.P.(ed), *Public-Private Partnerships: Theory and Practice in International Perspective*, Routledge.

것을 의미하는 것으로 정의하고 있다.[28] 이러한 복합(hybridity)현상은 민간기업과 비영리조직들이 정부과정에 깊게 관여함에 따라 공익과 사익의 구분이 명확하지 않게 되었다는 것을 의미한다. 공공과 민간부문의 파트너십 형태는 공공지원, 위탁용역, 프랜차이징, 공동투자회사(joint venture), 전략적 파트너십 구축 등으로 유형화하고 있다.[29] 맨들과 스틸먼(Mandell & Steelman, 2003)은 조직간 협력맥락에 대해 크게 간헐적 조정(intermittent coordination), 임시적 태스크포스, 항구적-정규적 조정, 연합과 네트워크 구조 등으로 협력유형을 구분하고 있다.[30]

알터(Alter, 2000)는 조직간 협력형태를 기능에 따라 규범적 파트너십(obligational partnership), 발전적 파트너십(promotional partnership), 체계적 파트너십(systemic partnership)으로 구분하고 있다.[31] 규범적 파트너십은 상호성의 원칙에 바탕을 두고 있으며, 주로 정보와 지식의 교류협력이 활발하게 일어난다. 발전적 파트너십은 목표 달성을 위한 파트너십형태이다. 규범적 파트너십이 느

---

28 Skelcher C.(2005), "Public-Private Partnerships and Hybridity," in Ferlie E.(eds), *The Oxford Handbook of Public Management*, Oxford University Press, pp.347~370.

29 Skelcher C.(2005), "Public-Private Partnerships and Hybridity," in Ferlie E.(eds), *The Oxford Handbook of Public Management*, Oxford University Press, pp.347~370.

30 Mandell, Myrna P., and Toddi A.Steelman(2003), "Understanding What Can be Accomplished through Interorganizational Innovations: The Importance of Typologies, Context, and Management Stategies," *Public Management Review* 5(2): pp.197~224.

슨한 연계 형태인데 비해, 발전적 파트너십은 공식적이고 긴밀하게 연계된 형태이다. 자원을 교환하는 형태를 넘어서서 업무 조정을 실행하는 수준으로 확대되어 자원파트너십과 공동행동 파트너십을 모두 포괄한다. 마지막으로 체계적 파트너십은 공동으로 자원과 인재를 활용하여 서비스를 제공하는 역할을 수행하며, 가장 공식적이고 긴밀하게 연관되어 있다.

31 Alter C. F.(2000) "Interorganizational collaboration in the Task Environment," in Patti R.J.ed. *The Handbook of Social Welfare Management*, Sage Publications, Inc.

6. 문화예술교육 정책사업의 파트너십 구축실태와 과제

1. 학교와 지역사회 연계 문화예술교육 시범사업 사례

문화관광부와 교육인적자원부가 2005년부터 공동으로 실시하고 있는 학교와 지역사회 연계 문화예술교육사업은 문화예술교육 파트너십의 특성을 나타낼 수 있는 대표적인 사례이다.[32] 이 사업의 특성은 다음과 같이 크게 세 가지로 구분하여 살펴볼 수 있다.

첫째, 이 사업은 학교교육과 사회교육사업을 연계한 지역기반의 문화예술교육사업이라고 할 수 있다. 사업주관기관은 지역의 문화예술조직이지만 주요 교육대상은 학교학생이기 때문이다. 이 사업에는 기본적으로 학교에서의 문화예술교육 수요를 문화예술의 전문성을 갖춘 지역의 문화예술단체를 참여시켜 해결하기 위한 의도가 담겨 있다고 볼 수 있다. 현재 학교의 문화예술교육 환경은 우수한 예술교육 강사, 시설과 기자재, 문화예술교육 프로그램 등의 측면에서 제약점이 많이 있기 때문이다. 그리고 이 사업은 지역에 기반을 둔 사업으로 장기적으로는 문화예술교육이 지역에서 지속적으로 이루어질 수 있는 자생력을 증진하는 데 초점이 있다.

둘째, 이 사업은 전문예술가를 양성하기 위한 교육이 아니라 학생들의 창의성과 자기표현 역량을 제고하기 위한 교육이라는 점이다. 이런 의미에서 교육프로그램의 내용은 문화예술 분야에 한정되어 있지 않고 문화산업, 문화유산, 생태자원, 지역축제, 도시공간, 사회복지 등 다양하게 설정되어 있다.

셋째, 이 사업은 사업주관기관이 학교, 지방자치단체, 교육청, 그리고 지역문화예술단체와 파트너십과 협력네트워크를 구축해야 한다는 점이다. 정부는 사업주관기관을 선정하고, 지원금을

---

32 사업 첫해인 2005년에는 총 58억 원을 지원하기 위하여 총 64개의 지역문화예술단체(문화관광부지원 32개, 교육인적자원부 지원 32개 단체)를 사업주관기관으로 선정되었는데, 사업주관기관은 서울 6개, 부산 2개, 대구 2개, 인천 4개, 광주 2개, 대전 1개, 경기 12개, 강원 7개, 경북 5개, 경남 3개, 충북 3개, 충남 3개, 전북 6개, 전남 6개, 제주 2개 등으로 전국단위로 분포하고 있다. 2005년의 사업주관기관 64개의 유형을 살펴보면, 광역 및 기초자치단체가 설립한 문화재단 4개, 전문예술단체 17개, 문화의집 2개, 지방문화원 11개, 전문 문화공간 9개, 대학 7개, 지역문화단체 7개, 기타 지역사회단체 7개 등 모두 민간비영리조직이지만, 지방자치단체가 직접 설립한 조직뿐 아니라 자발적인 사회단체에 이르기까지 그 유형이 다양하다.

보조하는 과정에서 사업주관기관으로 하여금 이러한 파트너십과 협력네트워크를 구축할 것을 강조하고 있다. 그러나 구체적인 파트너십의 개념과 방법양식에 대해서는 제시하지 않았다.

아래 [그림 2-3]은 학교와 지역사회 연계 문화예술교육사업의 파트너십 참여자 구조를 나타낸 것이다.

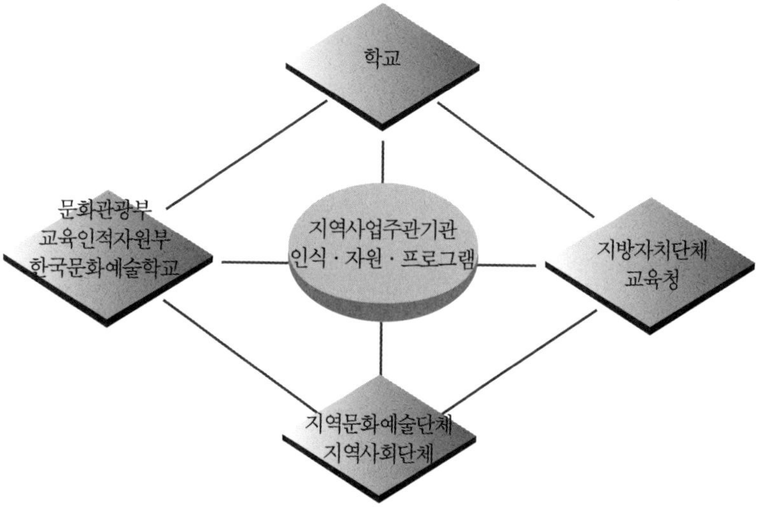

[그림 2-3] 학교와 지역사회연계 문화예술교육사업의 파트너십 참여자 구조

이와 같이 학교와 지역사회 연계 문화예술교육사업의 파트너십 체계는 중앙부처와 한국문화예술교육진흥원, 지방자치단체와 교육청, 지역의 사업주관기관, 학교, 그리고 지역의 문화예술 및 사회단체 등 크게 다섯 영역의 조직들로 구성되어 있다고 할 수

있다. 이러한 파트너십 체계를 구성하는 가장 핵심적인 조직은 실제로 사업계획을 수립하여 중앙정부와 지방자치단체로부터 재정을 지원받아 사업을 추진하고 있는 사업주관기관이라고 할 수 있다. 정부는 사업주관기관으로 하여금 지역의 특성과 문화자원을 최대한 활용하고, 학교 및 지역의 문화예술단체와 연계하여 학생들을 대상으로 문화예술교육 프로그램을 실시할 것을 중요한 정책방향으로 제시하였다.

학교와 지역사회 연계 문화예술교육사업은 사업주관기관과 학교의 파트너십을 기반으로 교육청, 지방자치단체, 지역문화예술단체, 지역사회단체 등과의 파트너십을 구축하는 것이 사업의 효과성을 담보할 수 있는 중요한 요소라고 할 수 있다. 이러한 파트너십의 구축수준은 교육프로그램 기획, 개발, 집행, 평가 등 교육프로그램 운영과정 전체의 질적 수준에 중요한 영향을 미칠 수 있다.

이 사업에서 사업주관기관의 파트너십 구축행태는 다음과 같이 크게 세 가지 관점에서 이해할 수 있다. 첫째는 인식을 공유하고, 신뢰를 형성하기 위한 활동이다. 이 사업은 2005년에 처음으로 실시된 사업이고, 아직 인식이 공유되지 않은 상황에서 추진되고 있기 때문에, 학교와 사업주관기관의 담당자들이 문화예술교육사업의 목적, 추진체계, 그리고 성과 등에 대해서 인식을 공유하고, 상호신뢰를 형성할 필요가 있다. 이러한 인식과 신뢰는 교육프로그램 운영 관련자들의 협력태도에 중요한 영향을 미칠 수 있다.

둘째는 문화예술교육 프로그램을 운영하는 데 필요한 자원(resources)을 확보하고 관리하는 데 있어서 상호 협력관계를 유지하기 위한 활동이다. 이러한 자원으로는 강사, 교육콘텐츠, 교육시설과 기자재, 지식과 정보, 시간, 교육대상집단인 학생 등을 들 수 있다. 학교는 정규교육과정에서 문화예술교육을 위한 시간을 확보하고, 교육대상인 학생을 선정하는 데 있어서 핵심역할을 수행할 수 있는 위치에 있다고 할 수 있다. 또한 학교는 학교교육과정, 학생들의 특성, 교육방법론 등에 대한 지식과 정보를 강사 및 사업주관기관에 제공할 수 있다. 교육시설과 기자재에 대해서는 학교와 사업주관기관, 그리고 관련 시설과 기자재를 확보하고 있는 다른 문화예술단체 및 공간 등을 들 수 있다.

셋째는 교육프로그램의 기획, 집행, 평가 및 환류 등 교육프로그램 추진과정에서 학교와 사업주관기관이 공동으로 참여하는 파트너십을 고려해 볼 수 있다. 사업주관기관은 교육프로그램을 기획하고 개발하는 과정에서 조사연구, 교육프로그램 기획, 교육프로그램 사전평가 등을 학교와 지역사회의 문화예술단체와 공동으로 진행할 수 있다. 또한 사업주관기관은 교육프로그램을 집행하는 과정에서 직접 세부 교육프로그램을 담당하는 경우도 있고, 세부 교육프로그램의 특성에 따라 전문문화예술단체를 해당 교육프로그램 운영자로 활용할 수도 있다. [표 2-2]는 학교와 지역사회 연계 문화예술교육사업 파트너십 모델의 영역과 지표를 나타낸 것이다.

[표 2-2] 학교와 지역사회 연계 문화예술교육사업 파트너십 모델

영역	세부지표	지표에 대한 설명
파트너십의 목적과 가치	파트너십 목적의 명확성과 구체성	파트너십의 목적과 필요성, 그리고 이를 달성하기 위한 사업계획이 명확하고 구체적으로 설정되어 있는가?
	공유된 인식과 신뢰관계	학교, 교육청, 지방자치단체와 공공문화기관, 지역의 문화예술 및 사회단체 등 파트너십 참여조직들과의 파트너십에 대한 인식을 공유하고, 신뢰관계가 형성되어 있는가?
	교육프로그램과의 적합성	파트너십의 목적과 구축계획이 사업주관기관이 추진하고 있는 교육프로그램의 특성(교육내용, 교육대상, 교육자원 등)과 적합하게 수립되어 있는가?
리더십의 질적 수준	지역문화예술교육 환경인식능력	지역특성에 적합한 파트너십을 구축하기 위하여 지역의 사회경제적 특성과 문화예술교육환경, 그리고 문화자원의 실태 등에 대한 분석활동을 수행하고 있는가?
	프로그램 기획 및 운영의 전문성	사업주관기관이 문화예술교육 프로그램을 전문적으로 기획하고 운영할 수 있는 전문인력을 확보하고 있는가?
	사업주관담당자의 인적 네트워크 능력	사업주관담당자가 교육사업에 필요한 유관기관들의 참여를 적극적으로 활성화하기 위하여 이와 관련된 인적네트워크 능력을 가지고 있는가?
사업관리 체계	유관기관과의 협력 및 역할분담체계 명확화	유관기관과의 협력관계 구축을 위한 공식, 비공식체계를 갖고 있으며, 상호 역할분담체계가 공유된 인식을 바탕을 명확하게 설정되어 있는가?
	문화예술교육 자원관리의 체계화	학교와 지역사회 연계 문화예술교육 프로그램을 운영하는데 필요한 인적자원, 자금, 시설과 기자재, 정보와 지식 등 자원을 체계적으로 관리할 능력을 갖고 있는가?
	사업진행과정 모니터링 및 평가체계 구축능력	파트너십 진행과정에 대한 모니터링과 사후평가 및 환류체계를 갖고 있는가?

자료: 임학순(2006), "문화예술교육프로그램의 파트너십 구축요인에 관한 연구: 학교와 지역사회연계 문화예술교육사업을 중심으로," 기초조형학 연구 Vol.7. No.3.

2005년도 학교와 지역사회 연계 문화예술교육사업에 대한 파트너십 구축활동의 실태를 분석하면 다음과 같다.[33]

1) 파트너십의 목적과 가치평가

2005년 학교와 지역사회 연계문화예술교육사업에 대한 사례분석 결과, 사업주관단체들의 파트너십 인식도는 높았지만, 파트너십을 구축하기 위한 실천전략과 기법은 전반적으로 취약한 것으로 나타났다. 사업주관단체들은 대부분 핵심파트너라고 할 수 있는 학교 및 교육기관과 파트너십에 대한 인식을 공유하는 과정에서부터 어려움을 겪는 경우가 많았다. 2005년의 경우, 사업주관기관의 사업계획서 작성과정에 학교교사가 참여한 경우는 전체 64개기관 중 5개 기관에 불과한 것으로 나타났다. 그리고 사업주관기관의 역량과 의지에 따라 파트너십 목표의 설정, 인식공유 및 신뢰구축, 그리고 파트너십 구축전략 개발 및 실천 등의 수준은 다르게 나타났다.

첫째, 학교관계자의 교육프로그램 과정 참여도가 사업주관단체와 학교와의 파트너십 목표와 가치를 설정하고, 인식을 공유하는 데 중요한 요인으로 작용하고 있는 것으로 나타났다. 이러한

---

33 임학순(2006), "문화예술교육프로그램의 파트너십 구축요인에 관한 연구: 학교와 지역사회연계 문화예술교육사업을 중심으로," 기초조형학 연구 Vol.7. No.3, pp.39~48.

경향을 나타내는 대표적인 사례로는 광주북구 문화의 집 사례와 청소년교육문화센터 '우리세상' 연극과 교육연구소 사례를 들 수 있다.

광주북구 문화의 집은 학교교사와의 소통 및 협력체계를 구축하기 위하여 현장교사 중심의 문화예술교육 워크숍과 교육연수 프로그램 운영, 학교문화예술교육과정에 현장교사 참여 활성화, 지역사회단체와 학교교사와의 간담회를 통한 협력관계 구축, 교사모니터링을 통한 학교교사와의 협력, 시민단체와 교사가 함께 참여하는 연구모임 형성 등의 사업을 운영하였다. 그 결과, 학교교사들은 교육프로그램의 기획개발, 집행, 평가 등 전 과정에서 적극적으로 참여하게 되었다. 예컨대, 광주문화예술교육 워크숍에 참여한 교사가 '5.18 역사박물관 만들기' 교육프로그램의 기획, 모니터링, 연구사업 전 과정에 공동으로 참여하였다. 그리고 '심상프로젝트' 프로그램은 북구자원봉사센터, 중학교 특수학급 담당 특수교사, 북구 문화의 집 관계자가 함께 간담회를 구성하여 개발하였다. 또한 미디어교육 프로그램인 '소리발견 프로젝트'는 학교교사, 영상미디어 활동가, 문화예술교육 프로그램 기획자가 함께하는 미디어교육연구모임을 통해 개발되었다.

한편 (사)청소년교육문화센터 '우리세상' 연극과 교육연구소는 학교교사를 문화예술교육의 매개자 및 기획자로 활용하기 위하여 다양한 프로그램을 운영하고 있다. 이러한 프로그램으로는 학교 교사들을 대상으로 한 문화예술 체험 워크숍 실시, 교육연극을 활용한 문화예술교육 연구회 개최 및 수업연구 발표, 학교 문화예술교육 발전 심포지엄 개최, 학교교사와 지역사회문화예술단체가 공동으로 참여하는 교육실천 워크숍 운영, 사업모니터링 정기협의회 운영 등을 들 수 있다.

이러한 사례들은 학교교사가 학교와 지역사회 연계 문화예술교육프로그램을 효과적으로 운영하는 데 있어서 매우 중요한 행위자라는 것을 나타낸다고 할 수 있다. 이런 의미에서 앞으로 사업주관단체가 학교와의 파트너십을 구축하기 위해서는 사업주관단체의 담당자가 관련기관에 협조공문을 보내거나 직접 찾아가서 사업을 설명하고 동의를 구하는 수준에서 벗어나 공동프로그램 기획, 교육방법 개발, 사업 모니터링, 강사확보 등 사업추진과정에서 실질적인 협력을 활성화할 수 있는 수준으로 발전시킬 필요가 있음을 나타낸다고 볼 수 있다.

둘째, 사업주관단체의 파트너십 전략은 문화예술교육 프로그램의 특성에 따라 파트너십의 대상조직과 유형이 다르게 나타났다. 이것은 교육프로그램의 특성에 따라 프로그램 운영체계를 구성하는 행위자들의 속성이 달라질 수 있기 때문이다.

2005년 현재 대부분의 사업주관기관은 3개 이상의 교육프로그램을 운영하고 있는데, 시범사업 첫해에는 이러한 세부교육 프로그램의 통합체계를 갖출 여유가 없었기 때문에 다소 개별 프로그램 단위로 사업이 추진되는 경향을 나타냈다. 2005년도 교육

프로그램 평가결과, 학교와 지역사회 연계 문화예술교육 프로그램 중에는 앞으로 청소년 문화예술교육 프로그램 및 교육콘텐츠의 우수사례로 발전시킬 수 있는 사례들이 발굴되었다. 이러한 사례로는 전통문화 기반 청소년 문화예술교육 프로그램, 현대예술 기반 청소년 문화예술교육 프로그램, 디지털 문화예술기반 청소년 문화예술교육 프로그램, 생태자원 기반 청소년문화예술교육 프로그램, 장애자 등 특수대상 문화예술교육프로그램, 도시공간 미학 청소년문화예술교육프로그램 등 다양하게 유형화할 수 있다. 이러한 교육프로그램이 효과적으로 운영되기 위해서는 문화예술단체와 지역사회단체(환경, 사회복지, 문화콘텐츠, 전통문화유산, 도시디자인 등) 등과의 파트너십이 매우 중요한 요소라고 할 수 있다. 그러나 2005년 사업의 경우에는 문화예술단체와 지역사회단체와의 소통계기를 마련하는 수준에 머물렀으며, 교육프로그램의 공동개발 및 성과평가 등 실질적인 공동협력 수준으로는 발전되지 못한 경우가 많았다.

2) 리더십 평가

① 지역문화예술교육환경 인식능력

학교와 지역사회 연계 문화예술교육사업의 핵심목표 중의 하나는 지역을 기반으로 문화예술교육 환경을 조성하는 것이라고 할 수 있다. 이를 위해서는 지역의 문화자원과 문화예술인력 및 단체의 특성, 그리고 교육대상집단의 특성 등이 교육프로그램 운영과정에 반영될 필요가 있다.

2005년 시범사업에 대한 평가결과, 농어촌과 같이 문화자원이 취약한 경우에도 지역의 전통문화와 문화적 특성을 조사하여 청소년 문화예술교육 프로그램으로 개발한 사례가 나타났다. 완주군 마을춤 진흥위원회의 경우, 문화자원이 취약한 지역임에도 불구하고, 지역의 마을춤을 조사연구하여 청소년 교육프로그램으로 재구성하여 운영하고 있다. 그리고 임실필봉농악보존회의 경우, 임실지역의 무형문화재인 필봉농악을 중심으로 전통문화체험교육 프로그램을 운영하고 있으며, 해남문화원의 경우, 강강술래 등 전통문화자원을 바탕으로 청소년민속캠프 프로그램을 운영하고 있다.

이러한 사례들은 서울지역 등 타 지역의 전문단체를 활용한 사례보다 교육프로그램 성과가 높게 나타났다. 문화자원이 취약한 지역의 경우에 서울 및 타 지역의 인적자원을 활용하는 경우에는 프로그램 기획 및 운영과정에서 지역특성과 수요를 반영하지 못하고 있으며, 지역단위에서는 스스로의 교육프로그램 개발노력이 활발하게 이루어지지 못하고 있는 것으로 나타났다.

또한 생태자원을 활용하여 문화예술교육 프로그램을 추진하고 있는 경우에는 지역의 취약한 문화환경에 대한 새로운 대안이라고 할 수 있다. 앞으로 생태교육과 문화예술교육의 접목이 체계적으로 이루어지기 위해서는 창의성 교육 차원으로 승화시키기 위한 기획 운영체계를 설정하고, 문화예술부문과 생태환경 부문간의 파트너십을 구축할 필요가 있다.

한편 지역에 특화된 문화예술자원이 있는 경우, 이를 문화예술교육프로그램으로 재구성하여 발전시키는 사례가 교육 프로그램 성과에도 긍정적인 영향을 미친 것으로 나타났다. 지역의 문화자원을 활용하여 예술교육프로그램으로 발전시킬 경우, 이미 구축된 브랜드, 인적자원과 물적자원, 지식정보, 그리고 네트워크 기반 등을 교육프로그램 운영과정에 활용할 수 있기 때문이다.

(사)거창연극제육성진흥회의 경우, 기존의 거창국제연극제의 경험과 전문성을 바탕으로 시범사업의 교육프로그램을 기획, 운영하고 있으며, 지역사회에서 인식을 공유하는 데도 긍정적으로 작용하고 있다. 가평 자라섬재즈센터의 경우, 기존의 재즈페스티벌을 바탕으로 교육프로그램을 운영함으로써 소재의 독창성을 확보하고, 지역사회의 협력네트워크를 구축하는 데 활용하고 있다. 춘천시문화예술교육사업단의 춘천마임축제의 경우, 마임의 전문적 기반을 활용하여 청소년교육 프로그램으로 재구성하여 운영하고 있으며, 교육대상학교중 하나를 마임학교로 특성화하는 성과를 나타내고 있다. 그리고 세종문화회관의 '청소년을 위한 공연장 체험 프로그램'과 그랜드오페라단의 '오페라야 놀자' 운영사례 등은 사업주관기관이 갖추고 있는 전문성과 우수한 시설 · 기자재를 바탕으로 특화된 전문교육프로그램을 운영하고 있다.

② 사업주관기관의 특성: 전문성과 네트워크 능력

사업주관기관의 파트너십 구축에 영향을 미치는 중요한 요인 중의 하나는 사업주관기관의 전문성과 네트워크 능력이라고 할 수 있다. 전반적으로는 전문인력을 갖추고 있는 사업주관기관이 그렇지 않은 사업주관기관에 비해 상대적으로 파트너십에 대한 인식이 높고, 이를 위한 실천활동을 적극적으로 추진하는 경향이 있다. 그러나 2005년 사업에 참여한 대학들의 경우에는 전문성을 갖추고 있음에도 불구하고, 지역기관이나 문화예술단체들과의 협력네트워크를 구축하기 위한 노력을 활발하게 하지 않은 것으로 나타났다. 학교와 지역사회 연계 문화예술교육사업의 궁극적인 목표가 학교와 지역사회의 연계가 자율적으로 이루어질 수 있는 토대를 구축하는 것임을 고려할 때, 전문성과 지역네트워크 구축의 문제를 어떻게 해결할 것인지에 대한 재검토가 필요하다.

한편 사업주관기관이 교육 분야의 인적 네트워크를 갖추고 있는 경우에는 상대적으로 수월하게 학교와의 협력관계를 형성하는 경향을 보이고 있다. 대표적인 사례로 과천문화원의 경우, 학교장이 참여하는 문화예술교육위원회를 운영하여 학교와의 협력관계를 구축하고 있다. 그리고 학교교사가 지역문화예술단체와 공동으로 프로그램을 기획하고, 추진하는 경우에는 학교와의 연계를 강화하고, 학교의 자발적인 참여환경을 조성하는 데 효과적인 것으로 나타났다.

3) 사업관리체계 평가

① 문화예술단체와의 협력관계

지역문화예술인 및 문화예술단체는 사업주관기관과 학교와의 파트너십 기반 문화예술교육사업을 추진하는 과정에서 강사 등

인적자원 제공, 문화예술교육 프로그램에 관한 지식과 정보제공, 공동교육프로그램 기획 및 개발, 공동교육방법개발, 공동교육프로그램 운영, 시설과 기자재 제공 등 다양한 역할을 수행할 수 있다. 2005년 시범사업을 평가한 결과, 지역의 문화예술인 및 문화예술단체가 참여하는 방식은 크게 다음 네 가지 유형으로 나타났다.

첫째 유형은 사업주관기관이 직접 세부 교육프로그램을 진행하고, 강사를 지역의 문화예술인 및 문화예술단체를 통해 선정, 활용하는 방식이다. 대부분의 사업주관기관은 이러한 방식은 활용하고 있는 것으로 나타났다. 이 경우, 실질적인 협력은 개별 강사차원에서 이루어지는 경향이 있다.

둘째 유형은 사업주관기관이 사업전체를 관리하되, 세부 교육프로그램 중 일부를 전문문화예술단체와 연계하여 전문문화예술단체가 공동으로 참여하여 교육프로그램을 운영하는 경우이다. 이 방식은 교육프로그램의 전문성을 기반으로 한 파트너십 구축유형이라고 할 수 있다. 이러한 방식은 사업주관기관이 특화된 전문예술분야에 한정되지 않고, 문화재단, 지방문화원, 문화의 집 등과 같이 지역의 문화예술을 진흥시키기 위한 공공문화예술기관인 경우에서 주로 나타났다.

셋째 유형은 교육프로그램을 개발하거나 교육프로그램 추진결과를 평가하여 발전방안을 수립하는 과정에서 지역의 문화예술인 및 문화예술단체를 자문위원으로 활용하는 경우이다.

넷째 유형은 사업주관기관이 교육프로그램을 운영하는 과정에서 필요한 자료, 시설, 기자재 등을 확보하기 위하여 지역문화예술단체를 활용하는 방식이다.

② 교육청과 지방자치단체와의 협력관계

교육청은 학교행정과 연관된 공공기관으로 학교와 사업주관기관의 파트너십 구축에 중요한 영향을 미치는 환경조직이라고 할 수 있다. 교육청은 교육인적자원부와 밀접하게 연관되어 있기 때문에 시범사업을 지역사회에 정착시키는 과정에서 중요한 역할을 수행할 수 있다. 이런 의미에서 사업주관기관은 교육청과 인식을 공유하고, 협력을 강화하기 위한 활동을 체계적이고 지속적으로 추진할 필요가 있다. 그러나 대부분 사업 초기에는 사업주관기관이 교육청과의 인식을 공유하는 데 어려움을 겪은 것으로 나타났다. 이것은 학교와 지역사회 연계사업이 교육청에서는 처음 추진하는 사업 때문이기도 하지만, 교육부문 조직들과 문화부문 조직들간의 신뢰관계가 형성되지 않았기 때문이라고 할 수 있다.

한편 지방자치단체는 사업주관기관에 재정과 시설 등 자원을 제공하고, 사업주관기관과 학교의 파트너십 및 지역문화예술 및 사회단체와의 협력네트워크를 구축하는 데 중요한 기능을 수행할 수 있다는 점에서 사업주관기관은 지방자치단체와 신뢰관계를 구축하고, 인식을 공유하기 노력을 지속적으로 추진할 필요가 있다. 또한 지방자치단체는 공공 문화공간을 직접 운영하는 경우가 많고, 문화의 집이나 지방문화원, 문화예술단체의 활동을 지원하는 경우가 많기 때문에, 지역사회 전체 차원에서 조정과 협력의 중심역할을 수행할 수 있다. 그러나 지방자치단체가 추진한 워크숍, 세미나, 발표회, 협의회 등은 교육프로그램 공동개발, 인식공유, 자원협력네트워크 구축 등 실질적인 문제를 해결하는 수준으로 발전되지 못한 경우가 많았다.

2. 사회취약계층 문화예술교육사업 사례

한국문화예술교육진흥원에서 2006년에 사회취약계층 문화예술교육사업에 대한 평가결과, 파트너십 평가결과의 시사점을 정리하면 다음과 같다.[34]

1) 지원협력네트워크에서 지역기반의 자생적 협력네트워크로 발전

사회취약계층 문화예술교육사업은 문화예술교육 영역과 사회취약계층 영역을 담당하는 정부 및 공공기관들간의 지원협력네트워크 기반을 구축하는 데 중요한 역할을 담당하였으나, 앞으로 사회취약계층 문화예술교육사업의 파트너십 및 협력네트워크 구축작업은 정부 및 공공부문의 범주를 넘어 지역사회의 관련 단체들과의 유기적인 협력네트워크를 체계화하는 수준으로 발전할 필요가 있다.

34 임학순 외(2007), "2006 사회취약계층 문화예술교육지원 평가 및 발전방안 연구," 한국문화예술교육진흥원.

2) 양적 확산 및 인식형성단계에서 질적 혁신단계로 발전

사회취약계층 문화예술교육사업은 문화예술교육의 가치를 사회복지 영역으로 확대하여 문화예술교육의 지평을 넓혔으며, 사회취약계층에 대한 문화예술 접근전략의 중요한 사례를 제공했다는 점에서 문화민주주의(cultural democracy) 관점에서 의미가 있다. 공급자보다는 대상자에 초점을 둠으로써 수요자 중심의 문화예술교육 프로그램 운영체계를 정립하는 계기를 마련하였다. 앞으로 이러한 기반을 바탕으로 사회취약계층 문화예술교육사업의

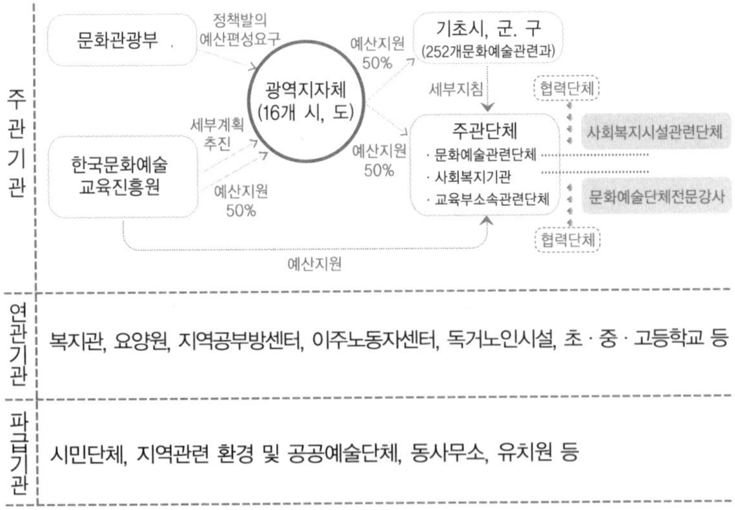

자료: 임학순 외(2007), "2006 사회취약계층 문화예술교육지원 평가 및 발전방안 연구," 한국문화예술교육진흥원.

[그림 2-4] 사회취약계층 문화예술교육 공모사업 파트너십 구축효과

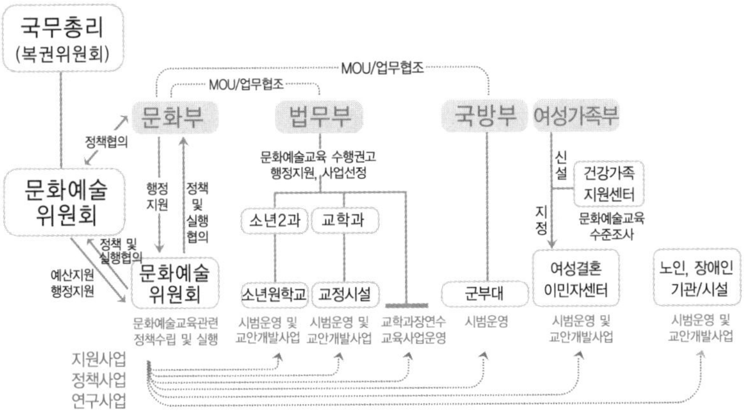

자료: 임학순 외(2007), "2006 사회취약계층 문화예술교육지원 평가 및 발전방안 연구," 한국문화예술교육진흥원.

[그림 2-5] 사회취약계층 문화예술교육 정책사업의 네트워크 구축 효과

질적 수준을 제고하고, 지역사회에 체계적으로 제도화될 수 있는 수준으로 발전시켜 나갈 필요가 있음. 질적 혁신은 전문성을 바탕으로 한 교육프로그램의 내용과 방법을 지속 · 발전시키고, 관련기관 및 단체들의 참여 및 소통체계를 활성화함으로써 달성될 수 있다. 또한 사회취약계층 문화예술교육사업에 대한 이론적 기반을 강화하여 사업의 성과 및 파급효과를 지속적으로 발전시켜 나갈 필요가 있다.

3) 사회취약계층 문화예술교육분야의 전문인력 수급체계를 종합적 차원에서 구축할 필요

사회취약계층 문화예술교육사업은 교육프로그램 운영과정을

통하여 전문 인력을 양성하는 효과를 나타내고 있는바, 이러한 인력들을 장기적 관점에서 어떻게 활용할 것인가에 대한 방안을 수립할 필요가 있다. 사회취약계층 문화예술교육과정은 기존의 문화예술교육체계를 다양한 사회취약계층에 적용하는 것으로, 실제 실천적 경험을 통해 특성화된 교육 노하우를 축적할 수 있고, 이론적으로 발전시킬 수 있는 분야이기 때문에, 사회취약계층 문화예술교육과정 참여 자체가 전문 인력을 양성하는 데 중요한 요소로 활용될 수 있다. 사회취약계층 문화예술교육사업의 전문 인력 수급체계는 사회취약계층 문화예술교육사업뿐 아니라 문화예술교육사업 전체 차원에서 종합적으로 구축될 필요가 있다.

4) 사업의 지속성을 확보하여 중장기적 관점에서 전략적으로 추진

사회취약계층 문화예술교육사업이 지역사회에 정착하기 위해서는 사업이 지속적으로 추진될 필요가 있으며, 중장기적 관점에서 단계별로 전략적으로 추진될 필요가 있다. 현재 지역의 사업 추진기관들이 제기하는 가장 큰 문제점은 사회취약계층 문화예술교육사업이 1년 단기 사업으로 운영되고 있고, 지속적인 예산 확보에 대한 불확실성이 존재하고 있기 때문에, 장기적 관점에서 사업의 질적 경쟁력을 제고하기 위한 비전과 전략을 수립하는 데 한계가 있다는 점이다.

3. 지역문화예술교육 프로그램 운영사업 사례

인천지역을 중심으로 문화예술교육 프로그램에 대한 파트너십과 네트워크를 분석한 결과에 따르면, 특히 지식정보요인과 인적자원요인이 실제 문화예술교육 네트워크 구축과정에 중요하게 영향을 미치는 요인으로 나타났다. 이것은 문화예술교육의 영역이 다양하게 확대되면서, 문화예술교육 프로그램의 전문성을 확보하는 문제가 중요하게 대두되었기 때문이다.[35] 그리고 문화예술교육 네트워크 대상이 되는 기관 및 단체의 유형은 문화예술분야뿐 아니라 학교와 교육청 등 교육관련 기관 및 단체, 문화관광부, 한국문화예술교육진흥원, 지방자치단체, 사회복지기관 및 단체, 지역의 사회단체, 타 지역 문화예술단체 등 다양하게 나타났다. 이러한 행위자의 다양화는 문화예술교육 프로그램의 대상집단이 청소년, 지역주민, 장애자, 노인, 여성, 사회취약계층 청소년, 이주노동자, 교정시설 수용자 등 다양하게 나타난다고 볼 수 있다.

네트워크의 행위자구조(action set)는 문화예술교육 프로그램을 중심으로 형성되어 있으며, 교육프로그램의 기획, 집행, 평가 및 환류 등 전 과정에 걸쳐 구축되어 있기 보다는 부분적인 과정 또는 일부자원을 중심으로 구축되어 있다. 현재 인천지역의 문화예

35 임학순 · 김정희 · 이상민(2006), 『인천 문화예술교육 네트워크 구축 모델연구』, 인천문화재단.

술교육 체계는 상이한 영역의 행위자들이 새로운 문화예술교육 프로그램을 중심으로 상호소통의 기반을 형성해 가는 초기단계라고 할 수 있으며, 아직은 조직간 · 인력간의 네트워크 문화가 정착되지 못하고 있다. 파트너십 참여자들의 역량과 노력에 따라 파트너십의 지속가능성에 영향을 주고 있다. 이러한 문화예술교육 협력네트워크 체계는 주로 프로젝트 중심으로 형성되어 있기 때문에, 앞으로 이러한 협력관계를 지역문화로 심화, 지속적으로 발전시킬 필요가 있다.

또한 문화예술교육프로그램을 성공적으로 운영하는 데 필요한 지식과 정보를 체계적으로 산출 · 관리하여 예술교육 현장에서 활용할 수 있는 양질의 지식정보관리체계가 아직은 초기단계로 체계적으로 구축되지 못하고 있다. 인천지역문화예술교육 네트워크 구축요인으로 가장 중요한 요인 중의 하나는 지역 문화예술교육 지식정보관리체계에 대한 수요라고 할 수 있다. 교육프로그램의 특성, 교육대상의 특성, 교육프로그램이 운영되고 있는 지역의 특성, 문화예술교육 프로그램 운영 매뉴얼, 교육강사, 국내외 문화예술교육 프로그램 성공사례 등에 지속적인 지식정보 서비스 체계 구축이 필요하다.

4. 문화예술교육사업 파트너십의 구축방향과 과제

1) 파트너십 참여자에 대한 마케팅 강화

문화관광부와 한국문화예술교육진흥원을 중심으로 추진되고 있는 문화예술교육사업은 그 동안 주로 문화예술교육사업을 주관하는 지역의 문화예술교육사업 관리 조직들을 중심으로 연수교육 및 마케팅 활동을 펼쳐 왔다. 한국문화예술교육진흥원은 사업관리조직들을 대상으로 파트너십과 네트워크 구축의 중요성과 당위성에 대한 인식을 개선하는 데 기여하였으나, 지역단위의 사업파트너라고 할 수 있는 학교, 교육기관, 사회복지기관, 지역사회문화단체 들을 대상으로 한 인식공유 활동은 상대적으로 미흡하였다. 그 결과, 사업관리조직들은 대부분 파트너십을 구축하고 협력을 확보하는데 어려움을 겪었으며, 사업관리조직들의 역량과 지방자치단체들의 의지에 따라 파트너십 구축성과는 큰 격차를 보이고 있다. 파트너십은 문화예술교육사업에 참여하는 기관 및 단체들간의 인식공유와 상호신뢰에 바탕을 둔다는 점을 고려할 때, 사업관리조직뿐 아니라 파트너십에 참여하는 관련기관 및 단체들을 대상으로 한 마케팅 활동을 강화할 필요가 있다.

2) 지원중심에서 성과중심으로 파트너십의 구축지원

문화예술교육사업의 파트너십은 문화예술교육사업 관리조직에 대한 지원체계 차원에서 한 걸음 더 나아가 문화예술교육사업의 성과차원으로 발전해야 한다. 문화예술교육사업의 파트너십은 궁극적으로 강사와 학습자의 소통이 효과적으로 이루어 질 수 있도록 함으로써 학습자들을 바람직한 방향으로 변화시키는 데 목적을 두고 있기 때문이다. 지원체계 차원의 파트너십은 문화예술교육 자원 중에서 재정과 행정지원에 초점을 두는 경향이 있다. 그 결과 문화관광부, 교육인적자원부, 한국문화예술교육진흥원, 지방자치단체 등과의 문화예술교육사업 지원체계를 구축하기 위한 파트너십은 갖춰지고 있다고 할 수 있다. 그러나 지식정보자원과 인적자원 등 문화예술교육사업의 전문성을 증진하고, 강사와 학습자의 소통환경을 조성하기 위한 파트너십은 상대적으로 취약한 실정이다. 이것은 사업관리조직이 학습자 관련조직과 문화예술교육 관련전문단체, 그리고 지역사회단체 등과의 파트너십이 아직 확립되지 않았다는 것을 나타낸다고 할 수 있다.

한편 현재 문화예술교육사업을 둘러싼 파트너십은 문화예술사업 관계자 및 파트너십 참여자들의 적극적인 참여를 바탕으로 구축될 때, 지속성이 있고 효과적이라고 할 수 있다. 이러한 참여는 파트너십을 구성하는 행위자들간의 신뢰관계와 공동 작업 경험을 바탕으로 이루어질 수 있다.

3) 파트너십의 제도화

문화예술교육사업을 둘러싼 파트너십은 인식과 의지만으로는 성공적으로 구축하는데 한계가 있으며, 파트너십을 구축할 수 있는 장을 마련해 줄 필요가 있다. 이와 관련하여 다음 네 가지 사항을 고려해 볼 수 있다.

첫째, 문화예술교육 지원사업을 파트너십을 제도화하는 중요한 수단으로 활용하는 방법이다. 예컨대, 문화부와 한국문화예술교육진흥원이 실시하고 있는 학교와 지역사회 연계 문화예술교육사업은 문화예술단체 및 기관과 학교 및 교육기관이 문화예술교육사업을 공동으로 추진할 수 있는 계기를 마련하는 데 기여하고 있다. 또한 문화부와 한국문화예술교육진흥원이 실시하고 있는 사회취약계층 문화예술교육사업인 경우에도 교육대상집단을 다양화하여 문화예술교육과 사회복지와의 연계를 강화함으로써 문화예술 단체 및 기관, 그리고 사회복지 관련기관들과의 협력경험을 제공하고 있다는 점에서 파트너십과 관련하여 의미가 있다.

둘째, 문화예술교육사업과 관련된 기관들이 문화예술교육사업을 성공적으로 수행하기 위하여 파트너십 협약을 체결함으로써, 교류협력 기반을 조성하는 방법을 고려해 볼 수 있다. 이러한 협약은 정부부처 상호간, 중앙단위의 조직과 지방단위의 조직 상호간, 사업관리조직과 관련조직들 상호간 등 다양한 층위에서 이루어질 수 있다. 현재 문화예술교육사업과 관련하여 문화관광부와 교육인적자원부간에서 협약이 체결되어 있다.

셋째, 문화예술교육 관련기관 및 단체들이 참여하는 협의기구를 공식적으로 설립 · 운영하는 방안이다. 문화예술교육지원법 제9조에 규정된 지역문화예술교육지원협의회 제도는 이러한 협의기구의 하나라고 할 수 있다. 이 법에 따르면 문화예술교육지원에 관한 지역별 시행계획의 수립 및 집행에 관한 협의와 관계행정기관, 시 · 도 교육청, 학교, 교육시설의 경영자 및 교육단체 등간의 협력 증진을 위하여 시 · 도에 지역문화예술교육지원협의회를 두도록 규정되어 있다. 이러한 지역협의회는 ① 지역별 종합계획 및 시행계획의 수립에 관한 사항, ② 관계 중앙행정기관, 해당 지방자치단체 및 시, 도 교육청의 지역별 시책 또는 사업의 협력, 역할분담 및 조정에 관한 사항, ③ 지역별 문화예술교육의 지원을 위하여 필요한 지역 내 문화예술자원의 연계 및 활용에 관한 사항, ④ 그 밖에 지역별 문화예술교육의 지원을 위하여 필요하다고 판단되어 지역협의회의 위원장이 부여하는 사항을 협의조정한다.

넷째, 정기적으로 문화예술교육사업 관계자 및 전문가들이 모여 소통의 장을 갖는 것도 파트너십을 구축하는 데 있어서 중요하다. 파트너십은 인적네트워크를 바탕으로 활성화될 수 있기 때문이다. 이러한 소통의 장에서는 파트너십의 수요, 파트너십의 유형, 파트너십의 구축과정, 파트너십 평가 등 파트너십과 관련된 다양한 문제들이 논의될 수 있다.

4) 문화예술교육사업 거버넌스체계의 재조정

한국문화예술교육진흥원의 문화예술교육사업 거버넌스체계는 문화관광부-한국문화예술교육진흥원-사업주관기관으로 이어지는 축을 바탕으로 형성되어 있다. 문화관광부는 문화예술교육정책을 총괄하고, 교육인적자원부 등 중앙부처와의 협력관계를 구축하기 위한 활동을 수행하고 있다. 한국문화예술교육진흥원은 문화관광부의 문화예술교육정책에 관한 실질적인 정책파트너로서 정책사업을 개발하고 집행하는 기능을 담당하고 있다. 한국문화예술교육진흥원은 중앙부처 단위와 지방자치단체, 지역의 사업주관기관, 사업협력기관 및 단체 등 지역단위를 이어주는 연계 지점에 위치하고 있다. 또한 한국문화예술교육진흥원은 특수법인 형태의 민간 비영리조직으로서 공공부문과 민간부문을 연계할 수 있는 위치에 있다.

한국문화예술교육진흥원은 지역의 사업주관기관을 선정하여 문화예술교육지원사업을 수행하고 있다. 한국문화예술교육진흥원은 사업주관기관에게 재정을 지원하고, 관련 지식정보를 제공하며, 담당인력들에 대한 교육훈련 및 소통의 기회를 제공하는 방법으로 사업주관기관을 문화예술교육사업의 집행기관으로 활용하고 있다. 이 과정에서 지방자치단체는 사업주관기관에서 문화예술교육사업에 소요되는 재정의 일부를 지원하며, 사업주관기관의 활동에 필요한 행정지원 기능을 수행하고 있다. 그리고 교육청은 '학교와 지역사회 연계 문화예술교육사업'의 경우와 같이 사업주관기관과 학교 및 교육기관을 연계하는 데 필요한 행정지원기능을 수행하고 있다.

사업주관기관의 유형은 자치단체의 문화재단, 지방문화원, 문화의집, 민간비영리 문화예술단체, 사회복지단체 등 다양하다. 사업주관기관은 문화관광부 및 한국문화예술교육진흥원과 지역의 문화예술교육 관련단체 및 교육대상집단을 연계하는 중심축에 위치하고 있다. 또한 사업주관기관은 지역에서는 지방자치단체와 지역의 문화예술교육 관련단체 및 교육대상 집단을 연계하는 중심축에 위치하고 있다. 사업주관기관은 이러한 기관 및 단체들과의 협력네트워크를 구축함으로써 문화예술교육사업을 효과적으로 추진할 수 있다.

이러한 문화예술교육정책의 거버넌스체계는 지역현장의 특성을 신축적으로 반영할 수 있는 분권체계로 재구성할 필요가 있다. 이와 관련하여 지방자치단체, 교육청, 광역문화재단, 지역문화예술교육지원센터에 대한 역할 및 운영모델을 정립할 필요가 있다.

5) 파트너십을 넘어 네트워크로

한국문화예술교육진흥원은 문화예술교육사업을 지역단위로 확산하여 지역의 문화예술교육사업을 둘러싼 파트너십을 구축하기 위해 노력하였지만, 아직까지는 사업관리조직을 중심으로 개별 파트너십을 구축하는 데 머무르고 있다. 사업관리조직이 문화예술교육사업을 추진하는 과정에서 구축하는 파트너십 대상기관의 수와 파트너십 강도(intensity)는 사업관리조직에 따라, 그리고 문화예술교육사업의 특성에 따라 다양하게 나타날 수 있다. 파트너십에 참여하는 조직들간의 관계는 [그림 2-6]에 나타난 바와 같이 2개조직간(dyad) 관계, 행동집합(action set)관계, 네트워크(network)관계 등으로 구분할 수 있다.

2개조직간 관계는 조직간 관계를 가장 단순화시킨 형태라고 할 수 있다. 그리고 행동집합관계는 핵심기관(focal agency)을 중심으로 관련되는 기관들과의 개별 관계를 통해 형성된다. 올드리치(Aldrich, 1979)는 이러한 행동집합을 제한된 목적을 위하여 임시적으로 연합하는 조직들의 집합을 의미하는 것으로 규정하고 있다.[36]

이러한 조직간 관계형태는 사업관리기관을 핵심기관으로 설정하고 있는 한국문화예술교육진흥원의 문화예술교육사업에서 일반적으로 나타나고 있다. 아래 그림에 나타난 C유형은 사업관리기관을 중심으로 조직간 관계가 이루어지지만, 사업관리기관과 파트너기관과의 개별적 관계를 넘어 파트너십 참여기관들간에도 조직간 관계가 형성되는 유형을 의미한다.

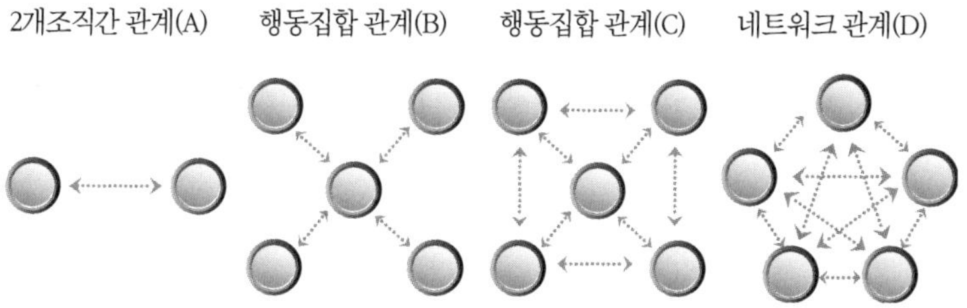

[그림 2-6] 파트너십의 진화[38]

한편 조직간 네트워크는 [그림 2-6]의 D유형과 같이 관련되는 조직 모두의 포괄적인 관계유형을 의미한다.[37] 이러한 네트워크 접근을 문화예술교육사업에 적용하면, 문화예술교육 네트워크는

---

36 Hall R.H.(1991), *Organizations: Structures, Processes, and Outcomes*, Prentice-Hall Interntional Editions 217에서 재인용. Aldrich, H.E.(1979), *Organizations and Environments*, Englewood Cliffs, NJ: Prentice Hall.

37 Hall R.H.(1991), *Organizations: Structures, Processes, and Outcomes*, Prentice-Hall Interntional Editions, p.218.

38 조직간 유형 중 a, b, d는 Hall R.H.(1991), *Organizations: Structures, Processes, and Outcomes*, Prentice-Hall International Editions 218에서 재인용.

지역의 문화예술교육을 활성화하기 위하여 사업관리기관뿐 아니라 관련조직들간의 총체적인 협력환경이 구축되는 것을 의미한다. 이러한 네트워크 환경은 지역사회의 문화예술교육에 대한 자생력과 밀접하게 연관되어 있다. 앞으로 문화예술교육사업이 지역사회에 정착하기 위해서는 개별적인 파트너십 관계를 넘어 네트워크 기반의 파트너십 관계로 발전되어야 할 것이다.

5. 지역의 지역문화예술교육지원센터 모델개발의 고려요인

1) 지역문화예술교육 현장과의 적합성 확보

지역문화예술교육지원센터의 사업은 문화예술교육진흥법에 근거하여 시행되고 있는 사업으로 지역문화예술교육지원센터를 지정하여, '지역 문화예술교육 활성화를 위한 지원기관'으로 활동할 수 있도록 지원하는 정책사업을 의미한다. 지역특성에 따라 지역문화예술교육지원센터로 지정된 기관의 정책목적과 추진전략은 다를 수 있다. 따라서 지역문화예술교육지원센터로 지정된 단체나 기관이 가장 중점적으로 고려해야 할 일이 지역문화예술교육 환경과 실태를 분석하여 지역문화예술교육지원센터의 정체성을 명확하고 구체적으로 설정하는 일이다.

현재 지역문화예술교육지원센터사업에 참여하고 있는 지역의 문화예술교육 기관 및 단체들이 겪고 있는 가장 큰 애로사항 중의 하나는 지역특성에 적합한 지역문화예술교육지원센터 모델을 정립하는 문제라고 할 수 있다. 이것은 지역문화예술교육지원센터사업이 처음으로 실시되는 것이기 때문에, 아직 이에 대한 경험과 노하우가 축적되어 있지 않으며, 무엇보다도 인식 공유기반이 취약하기 때문이다.

지역특성을 파악하기 위해서는 일차적으로 현재 지역에서 이루어지고 있는 문화예술교육 관련사업과 활동, 그리고 문화예술교육 프로그램을 운영하고 있는 기관 및 단체의 특성을 분석하여 지역의 문화예술교육사업에 대한 현황과 문제점 등 실태를 실증적으로 진단할 필요가 있다. 지역문화예술교육지원센터는 이러한 지역의 문화예술교육 문제를 해결하고, 지역의 문화예술교육 프로그램 운영기관 및 단체가 효과적으로 문화예술교육 프로그램을 운영할 수 있도록 지원하는 역할을 담당하기 때문이다. 나아가 지역문화예술교육지원센터 사업의 지역문화예술교육 활성화 효과를 증진하기 위해서는 지역의 문화예술교육환경과 교육수요 및 교육대상집단의 특성에 대한 분석도 체계적으로 실시하여, 장기적 관점에서 지역문화예술교육지원센터의 운영모델을 개발할 필요가 있다.

2) 지원기관으로서의 위상과 협력네트워크 허브기관으로서의 위상

① 지원기관으로서의 위상

지역문화예술교육지원센터는 '지역문화예술교육 활성화를 위한 지원기관' 이라는 점을 고려하여 '지원관점' 에서 지역문화예술교육지원센터의 정책사업을 개발할 필요가 있다. '지원' 의 개념은 ‘지원대상’과 ‘지원내용’으로 구분하여 살펴볼 필요가 있다.

‘지원대상’이란 지역문화예술교육지원센터의 정책사업이 지역문화예술교육활성화효과를 달성하기 위하여 지역문화예술교육활동을 수행하고 있는 기관이나 단체, 그리고 현재 실시되고 있는 지역문화예술교육활동에 어떻게 기여할 것인가에 초점을 둔 것이다. 이것은 지역문화예술교육지원센터의 사업은 문화예술교육활동 그 자체에 한정된 것이 아니라 지역의 문화예술교육활동이 효과적으로 운영될 수 있는 인프라스트럭처를 제공하기 위한 사업이라는 점을 의미한다. 따라서 지역문화예술교육지원센터의 사업은 현재 지역에서 이루어지고 있는 문화예술교육사업과 밀접한 관계 속에서 전략적으로 기획·추진될 필요가 있다.

‘지원내용’이란 지역문화예술교육지원센터의 사업이 지역의 문화예술교육기관 및 단체, 그리고 문화예술교육활동에 제공하는 지원내용이 무엇인가 하는 점에 초점을 둔 것이다. 이와 관련하여 문화예술교육지원법에서는 지역문화예술교육지원센터의 사업범주를 한국문화예술교육진흥원의 업무에 준하도록 설정함으로써 조사연구, 인력양성 및 연수, 협력망의 구축, 시설과 장비의 확충, 국제협력, 교육시설 및 교육단체에 대한 지원평가 등 그 영역이 다양하다. 따라서 ‘지원내용’ 또한 지역의 특성에 적합하게 전략적으로 설계할 필요가 있다.

이러한 지원기능을 체계적으로 수행하기 위해서는 지역의 문화예술교육 자원에 대한 분석을 실시할 필요가 있다. 주요 자원으로는 재정, 인력, 지식과 정보, 시설과 기자재, 네트워크 체계, 행정지원 등을 들 수 있는데, 지원기능 관점에서는 특히 인력, 지식과 정보, 네트워크체계 등의 자원에 초점을 둘 필요가 있다. 문화예술교육 프로그램별로 이러한 자원들이 어느 정도 필요하고, 실제 어느 정도 확보할 수 있는지에 대해 분석할 필요가 있다.

② 협력네트워크 허브기관으로서의 위상

문화예술교육지원법은 지역문화예술교육지원센터의 또 다른 기능으로 '참여주체간의 협의, 조정, 협력증진'을 제시하고 있다. 지역문화예술교육지원센터가 이러한 기능을 수행하기 위해서는 지역의 문화예술교육 네트워크 체계에 대한 분석을 실시하여, 네트워크 허브역할을 수행할 수 있는 과제를 개발하여 지역문화예술교육지원센터의 사업으로 추진할 필요가 있다. 최근에는 문화예술교육정책이 학교교육, 문화정책, 문화공간경영, 사회복지, 교정행정, 평생교육, 생태환경교육 등 다양한 전문영역과 연계하여 이루어지고 있기 때문에, 이에 따른 관련 전문영역과의 협력네트워크 수요 또한 확대되고 있다. 문화예술교육의 목적이 문화예술에 대한 전문지식을 전달하는 수준을 넘어 창의성을 증진하고, 소통능력과 사회성을 함양하며, 스스로를 표현하는 역량을 발전시키는 차원으로 확대되면서, 문화예술영역과 교육영역간의 협력네트워크 수요가 증가하고 있다.

문화예술교육의 대상이 청소년과 지역주민 등 일반 대상에서 장애인, 노인, 여성, 사회취약계층 등으로 세분화되면서 이러한 대상집단들과 관련된 단체나 기관, 전문인력 등과의 협력이 문화예술교육 프로그램의 효과성을 증진하는 중요한 요소로 부각되고 있다. 문화예술교육사업 네트워크를 구축하기 위해서는 교육프로그램과 관련된 단체 및 기관 등 행위자들이 누구이고, 이러한 행위자들의 특성이 무엇인지를 파악할 필요가 있다. 행위자체계를 지원유형, 지식과 정보유형, 공동프로그램 운영유형 등으로 구분하여 유형화하여 분석한다. 허브 역할 영역은 우수한 문화예술교육프로그램 개발을 위한 조사연구, 문화예술교육지식정보관리 및 서비스, 문화예술교육에 대한 인식공유 및 홍보마케팅, 문화예술교육 인력의 양성 및 연수교육, 문화예술교육프로그램 성과의 시너지 창출환경 조성 등을 고려할 수 있다.

3) 지역의 범주설정

지역의 범주를 광역단위로 설정할 것인가, 기초단위로 설정할 것인가에 따라서도 지역문화예술교육지원센터의 역할모델은 차이가 있을 수 있다. 기초단위인 경우, 교육현장의 문제해결을 위한 실천적 접근에 초점을 둘 수 있다. 그리고 광역단위인 경우, 사업의 성과가 특정지역에 한정되기보다는 다른 지역과 공동으로 추진하여 혜택을 공유하는 것이 필요한 사업. 예컨대, 특수계층을 대상으로 한 우수교육프로그램 연구개발, 문화예술교육 종합지식정보서비스 시스템 구축사업, 전문인력 양성사업 등을 들 수 있다. 이러한 사업의 지역범주는 지역특성과 사업의 특성을 고려하여 신축적으로 설정할 필요가 있다. 경우에 따라서는 기초단위에서 시작한 사업이 성공적으로 추진되어 전국적으로 공유할 필요성이 커진 경우에는 지역범주를 전국단위로 확장하여 사업을 추진할 수 있다.

4) 지역문화예술교육 거버넌스 체계와 지역문화예술교육지원센터

지역문화예술교육지원센터는 '조직' 으로서의 성격과 '사업' 으로서의 성격을 모두 내포하고 있는데, 지역문화예술교육 종합거버넌스(governance) 체계를 형성하는 다양한 요소 중 하나이다. 지역문화예술교육 거버넌스 체계를 구성하는 조직유형을 살펴보면, 문화관광부와 한국문화예술교육진흥원을 중심으로 한 중앙의 정부 및 공공부문 차원과 지방자치단체, 교육청 등의 지방정부 차원, 그리고 사회복지기관, 문화예술단체, 문화공간, 지방문화원 등 민간비영리 차원 등 다양하게 구성되어 있다.

지역문화예술교육 거버넌스 체계를 구성하는 사업유형을 살펴보면, 문화관광부와 한국문화예술교육진흥원을 중심으로 운영되고 있는 '학교와 지역사회 연계 문화예술교육사업', '사회취약계층 문화예술교육사업', '예술강사지원사업' 등이 있으며, 다른 한편으로는 지역단위의 다양한 문화예술교육사업이 이루어지고 있다. 이러한 사업들과의 관계에서 지역문화예술교육지원센터의 사업추진방향을 정립할 필요가 있다.

Chap. 3

문화예술교육 정책사업 파트너십 구축의 길라잡이

1 파트너십의 중요성에 대한 인식을 공유한다
2 파트너십에서 네트워크로 발전
3 파트너십의 목적을 명확하게 설정한다
4 지역의 파트너십 환경을 파악한다
5 문화예술교육 프로그램의 특성을 파악한다
6 자원분석을 실시한다
7 사업주관기관의 내부 역량을 파악한다
8 문화예술교육 프로그램의 가치에 대한 확신을 가지고, 파트너십 구축을 위한 인식공유 활동을 추진한다
9 파트너십 대상집단과 합의하여 파트너십의 형태와 수준을 결정한다
10 파트너십 대상집단들의 역할분담을 명확하게 설정한다
11 파트너십 대상집단들의 참여를 활성화해야 한다
12 문화예술교육 프로그램의 환경영역으로부터 신뢰를 받아야 한다
13 문화예술교육 네트워크 구축 및 운영을 위한 리더십을 발휘해야 한다
14 문화예술교육 파트너십 성과를 평가하고 차년도 계획에 환류한다

1. 파트너십의 중요성에 대한 인식을 공유한다

1. 파트너십의 인식수준

문화예술교육사업이 운영되고 있는 일선현장에서 파트너십과 네트워크에 대한 인식은 점차 높아지고 있다. 이러한 경향은 문화예술교육사업의 대상집단이 다양화되고, 교육과정이 전문화됨에 따라 문화예술, 학교교육, 사회복지, 평생교육 등 문화예술교육을 둘러싼 다양한 영역들과의 소통과 협력에 대한 수요가 한층 커지고 있기 때문이라고 할 수 있다. 실제로 문화예술교육사업을 운영하고 있는 사업주관기관들은 문화예술교육 프로그램을 기획하고 집행하는 과정에서 다른 기관 및 단체들과 협력관계를 형성하거나 공동으로 사업을 추진하는 경우가 점차 증가하고 있는 추세이다.

문화관광부와 한국문화예술교육진흥원이 추진하고 있는 사회취약계층 문화예술교육사업은 문화예술영역, 교육영역, 사회복지 영역이 모두 관련된 복합사업으로 관련영역간의 기관 및 단체의 파트너십뿐 아니라 공공부문과 민간부문, 공공부문 상호간 등 네트워크 체계를 구성하는 다양한 행위자들의 파트너십과 협력을 바탕으로 효과성을 증진할 수 있다. 또한 학교와 지역사회 연계 문화예술교육사업인 경우에도 학교, 교육기관, 지역사회 기관 및 단체, 지방자치단체, 문화예술단체, 문화예술교육기관 등 관련기관들의 파트너십과 네트워크 구축이 가장 핵심적인 운영요소라고 할 수 있다.

그러나 문화예술교육프로그램을 운영하고 있는 사업주관기관들은 이러한 파트너십과 네트워크를 형성, 관리, 발전시키기 위한 구체적인 실천전략과 방법에 대해서는 인식기반이 매우 취약한 실정이다. 지역에서 문화예술교육프로그램을 운영하고 있는 사업주관기관들은 대부분 직원들의 파트너십 구축역량을 함양하기 위한 전문 교육훈련 프로그램을 갖추고 있지 않다. 그리고 문화예술교육 파트너십과 협력네트워크를 구축하기 위한 구체적이고 실천적인 업무지침이 개발되어 있지 않다. 그 결과, 우리나라 문화예술교육사업을 운영하고 있는 지역의 문화예술교육기관들은 문화예술교육 파트너십을 구축하기 위한 계획적이고 전략적인 접근을 추진하는 데 한계가 있다.

앞으로 문화예술교육정책사업의 영역이 확대되고, 전문화되며, 대상집단이 다양해짐에 따라 창의적인 파트너십과 네트워크를 구축하는 것이 문화예술교육정책사업의 핵심성공요인으로 한층 더 중요하게 작용할 것으로 전망된다. 이와 관련하여 문화예술교육사업을 운영하거나 연관되어 있는 실무자들을 대상으로 파트너십 역량을 강화할 필요가 있다.

2. 파트너십의 인식강화전략

① 사업주관기관은 파트너십과 네트워크 구축요인을 문화예술교육사업 평가지표의 핵심요소로 설정한다. 평가지표는 사업주관기관 활동의 준거로 작용하기 때문이다. 사업주관기관은 이러한 평가지표를 설정하고 직원 및 관계자들에게 교육함으로써 직원 및 관계자들로 하여금 파트너십 구축활동을 보다 활발하게 추진할 수 있는 계기를 만들어 줄 필요가 있다.

② 파트너십과 네트워크 구축을 위한 사업계획을 수립한다. 사업주관기관은 문화예술교육사업 계획서를 작성할 때, 문화예술교육사업을 성공적으로 추진하기 위한 파트너십과 네트워크 구축을 위한 사업계획을 포함한다.

③ 잠재파트너의 특성에 대한 정보를 공유한다. 사업주관기관은 문화예술교육 프로그램 파트너십을 구축하기 위한 대상기관을 명확하게 설정하고, 이러한 잠재파트너들에 대해 참

여하는 직원 및 관계자들로 하여금 그 특성을 이해하게 할 필요가 있다.

④ 문화예술교육 인력을 대상으로 파트너십 및 네트워크 구축을 위한 실천방안을 체계적으로 교육한다. 이러한 교육을 활용하여 문화예술교육사업에 참여하는 인력들은 파트너십과 네트워크를 구축하기 위한 실천방법에 대해 인식을 공유할 수 있다.

⑤ 사업주관기관은 문화예술교육사업의 전문성을 향상시켜 교육대상집단에게 양질의 문화예술교육 서비스를 하기 위해서는 관련기관 및 단체들과의 파트너십을 바탕으로 학제적 연구개발 및 분석작업을 수행할 필요가 있다는 점을 관계자들에게 강조할 필요가 있다.

⑥ 사업주관기관은 파트너십을 구축하는 것이 잠재파트너들에게 어떤 의미를 갖고 있으며, 그 결과 산출되는 혜택은 무엇인지에 대해 구체적으로 설명할 수 있어야 한다. 파트너십은 일방적 관계가 아니라 상호협력관계이기 때문이다.

2. 파트너십에서 네트워크로 발전

문화예술교육 파트너십은 문화예술교육 프로그램을 수행하는데 직접적으로 연관이 있는 기관 및 단체들과의 개별적인 협력관계를 의미한다. 이러한 파트너십체계에서는 사업주관기관과 개별 파트너 조직들간의 협력관계를 형성하는데 기여할 수 있지만, 개별 파트너들 상호간의 소통 및 협력관계는 상대적으로 중요하게 고려되지 못하고 있다. 지역사회에서 문화예술교육 파트너십은 장기적으로 문화예술교육 네트워크체계로 발전될 필요가 있다. 지역 문화예술교육네트워크 체계에서는 사업주관기관과 개별 파트너 조직간의 협력관계뿐 아니라 개별 파트너 조직간의 협력관계가 지속적이고 안정적으로 이루어질 수 있기 때문이다. 이런 의미에서 지역사회의 문화예술교육 활동에서 중추적인 역할을 담당하는 사업주관기관들은 공공 문화예술교육 지원사업을 추진하는 과정에서 형성하는 파트너십 체계를 네트워크 체계로 발전시키기 위한 노력을 지속적으로 추진할 필요가 있다. 이를 위하여 사업주관기관은 다음 사항을 고려할 필요가 있다.

첫째, 파트너십 참여기관 및 단체들이 모두 참여하는 기회의 장을 자주 만든다.

둘째, 행정지원 중심의 네트워크 체계를 자발적 참여중심의 네트워크 체계로 발전시켜 나간다.

셋째, 문화예술교육사업을 기반으로 한 협력관계를 신뢰관계로 발전시켜 나간다.

넷째, 파트터십 및 네트워크 구축을 위한 중장기 비전과 전략을 수립한다.

다섯째, 개별프로그램 기반의 파트너십을 발전시켜, 장기적으로는 종합적인 차원의 문화예술교육 파트너십 체계를 구축하고, 이를 기반으로 문화예술교육 네트워크 체계를 갖춘다. 이를 통하여 문화예술교육 파트너십과 네트워크 구축을 위한 사업기획, 조성, 협력, 인식공유 등의 활동을 체계적으로 수행한다.

3. 파트너십의 목적을 명확하게 설정한다

사업주관기관은 문화예술교육 프로그램을 효과적으로 운영하기 위하여 갖추어야 할 요건과 자원에 대한 분석을 바탕으로 파트너십을 구축하는 목적을 명확하게 설정해야 한다. 이를 위해서는 왜 파트너십이 사업주관기관이 추진하고 있는 문화예술교육 프로그램을 운영하는 과정에서 필요한지에 대해 구체적으로 이해할 필요가 있다. 또한 사업주관기관은 문화예술교육 프로그램을 수행하는 데 파트너십을 형성해야 할 잠재적인 파트너들이 누구이며, 각 파트너들과의 협력관계 유형이 무엇인지에 대해 명확하게 이해할 필요가 있다. 단순히 유관기관들과의 교류협력을 추구한다는 추상적인 목표는 파트너십을 실제로 구축하는 데 준거기준으로 작용할 수 없다.

사업주기관기관이 문화예술교육 파트너십을 구축하는 목적은 우리나라 지역사회 맥락에서 크게 다음 세 가지 차원으로 구분하여 살펴볼 수 있다.

첫째, 파트너십의 목표 중의 하나는 행정지원 및 협력을 효과적으로 확보하기 위한 것이다. 지역에서 문화예술교육 프로그램을 운영하는 사업주관기관은 중앙의 문화관광부와 한국문화예술교육진흥원, 그리고 지방자치단체와 교육청 등 정부 및 공공기관으로부터 다양한 행정지원과 협력을 필요로 하는 경우가 많다.

둘째, 파트너십의 목표 중의 하나는 문화예술교육 프로그램을 수행하는 데 필요한 자원, 특히 재정, 지식과 정보, 인력, 시설 및 기자재 등을 확보하기 위한 것이다. 사업주관기관의 특성과 문화예술교육 프로그램의 특성, 그리고 지역의 문화예술교육 자원 분포현황 등에 따라 자원을 확보하기 위한 구체적인 파트너십의 유형이 달라질 수 있다. 재정자원을 축으로 한 파트너십은 사업주관기관의 문화예술교육 프로그램 운영 재정의 상당부문이 정부 및 공공기관으로부터 지원되고 있다는 점에서 문화관광부와 한국문화예술교육진흥원, 교육인적자원부, 지방자치단체에 초점을 두고 있다. 그리고 지식과 정보 자원을 축으로 한 파트너십은 지역의 문화예술단체, 문화예술교육전문단체, 다른 사업주관기관, 한국문화예술교육진흥원, 전문가 등으로 구성될 수 있다. 시설 및 기자재를 축으로 한 파트너십은 지역의 문화공간, 사회복지공간, 문화예술단체공간 등으로 구성될 수 있다.

셋째, 파트너십의 목표 중의 하나는 문화예술교육 프로그램의 핵심요소라고 할 수 있는 학습자를 확보하고, 학습자의 특성에 적합한 교육과정을 운영하기 위한 것이다. 문화관광부와 한국문화예술교육진흥원이 추진하고 있는 학교와 지역사회 연계사업의 경우에 학교를 중요한 파트너로 고려하는 것은 학교라는 조직과 공간이 문화예술교육 대상집단인 학생들을 확보하고 있기 때문이다. 마찬가지로 문화관광부와 한국문화예술교육진흥원이 추진하고 있는 사회취약계층 문화예술교육사업의 경우에는 장애자, 노인, 사회취약계층 등과 연관된 사회복지기관이 중요한 사업파트너가 될 수 있다. 이와 같이 학습자와 관련된 기관 및 단체들은 사업주관기관에 대해 학습자와 관련된 지식과 정보를 제공할 뿐 아니라 교육시설과 장비, 그리고 보조 인력들을 제공할 수 있다.

이러한 파트너십의 목표를 명확하게 설정하기 위해서는 다음 사항을 적극 고려할 필요가 있다.

첫째, 문화예술교육 파트너십이 필요한 이유를 구체적으로 제시한다.

둘째, 파트너십을 구축할 잠재 파트너들을 설정하고, 개별 파트너들과의 구체적인 협력목적을 설정한다.

셋째, 파트너십의 목표를 행정지원을 확보하는 데 둘 것인지, 자원을 확보하는 데 둘 것인지, 학습자의 특성을 교육과정에 반영하기 위한 것인지 등에 대해 구체적으로 설정한다.

넷째, 파트너십을 사업과정 전반에 걸쳐서 구축할 것인지, 특정시기에 부분적으로 구축할 것인지를 결정한다.

다섯째, 파트너십의 구축결과를 어떻게 활용하고, 지속 · 발전시켜 나갈 것인가에 대해 검토한다.

4. 지역의 파트너십 환경을 파악한다

1. 지역기반 파트너십 구축의 의의와 고려요인

사업주관기관이 문화예술교육 파트너십을 구축하기 위해서는 지역의 단체뿐 아니라 다른 지역의 단체에 대해서도 모두 고려해야 하지만, 우선적으로 지역사회에서 파트너십이 어느 정도까지 가능할 수 있는지에 대한 분석을 실시해야 한다. 사업주관기관은 가능한 지역사회에서 파트너십을 구축하고, 지역사회에서 구축하기 어려운 파트너십의 경우에 한해 예외적으로 다른 지역의 단체 및 기관을 고려하는 것이 효과적이기 때문이다. 이와 같이 지역사회에서 문화예술교육 파트너십을 구축하기 위해서는 지역의 파트너십 환경을 분석할 필요가 있다. 지역특성에 따라서 파트너십의 대상 및 파트너십 유형, 그리고 파트너십 문화가 다를 수 있기 때문이다. 이와 관련하여 다음 사항을 적극적으로 고려할 필요가 있다.

첫째, 사업주관기관은 지역단위에서 문화예술교육 파트너십을 구축하는 데 있어서 잠재적인 파트너로 고려해야 할 대상단체 및 기관의 특성에 대해 파악할 필요가 있다. 이러한 잠재파트너들을 선정하고, 이에 관한 특성조사를 실시하기 위해서는 지역의 문화예술교육 관련 단체 및 기관들을 행정지원 유형, 자원확보 유형, 학습자 확보 유형 등으로 구분할 필요가 있다.

둘째, 사업주관기관은 문화예술교육 프로그램의 특성, 지역자원분포 실태, 잠재파트너의 특성을 종합적으로 고려하여 파트너십의 유형을 설정할 필요가 있다. 이러한 지역의 파트너십 환경에 따라 지역의 문화예술교육 관련기관 및 단체의 문화예술교육 프로그램 참여정도와 방법 또한 달라지게 된다.

셋째, 사업주관기관은 기존의 지역의 문화예술교육 파트너십 문화에 대해서 살펴보고, 이를 파트너십 형성과정에 반영할 필요가 있다. 지역에 따라 문화예술교육 관련 단체들간의 상호 관계가 협력관계에서 갈등관계에 이르기까지 다양하기 때문이다. 사업주관기관은 상호 갈등관계에 있는 문화예술교육단체들을 모두 문화예술교육 프로그램의 파트너로 활용해야 할 경우에는 이러한 단체들간의 갈등관계 정도를 고려하여 협력관계 형성을 위한 전략을 수립해야 한다. 또한 지역에 따라 지방자치단체의 문화예술교육에 대한 인식이 다를 수 있기 때문에, 지방자치단체의 문화예술교육정책 및 인식수준을 파악하여 파트너십 형성과정에 반영할 필요가 있다. 마찬가지로 사업주관기관은 교육청, 학교, 사회복지기관의 문화예술교육에 대한 인식과 태도에 대해 살펴볼 필요가 있다.

2. 문화예술교육 지표조사 동향

우리나라에서 문화지표(cultural indicator) 및 문화예술통계가 논의되기 시작한 것은 유네스코한국위원회와 한국문화예술진흥원이 1986년에 공동으로 '문화통계 및 지표체계 연구'를 실시하여 문화지표체계를 개발하면서부터라고 할 수 있다.[1] 이 연구는 1989년부터 3년 단위로 작성되고 있는 '문화예술통계'의 지표체계에 상당한 영향을 주었다. 그러나 문화예술교육에 대한 지표체계는 아직 정립되어 있지 않으며, 이를 위한 통계조사 또한 체계적으로 이루어지고 있지 않다.

문화예술교육에 관한 지표 및 관련통계는 '문화예술향수 실태조사'와 '문화예술단체 실태조사', 그리고 '문화예술인 실태조사' 외에는 거의 없다. 문화예술향수 실태조사의 경우, '문화예술

1 황준욱 외(2005), "문화예술 인력정책 기반구축을 위한 기초연구 연구," 문화관광부, pp.102~106.

교육 경험률', '문화예술교육 만족도', '문화예술교육 수요 정도', '문화예술교육 프로그램 운영의 문제점' 등의 지표를 중심으로 3년 단위로 조사하고 있다. 문화향수 실태조사는 제주도를 제외한 전국 15개 시 · 도에 거주하는 15세 이상 전 국민을 대상으로 실시되고 있다. 이 조사에서 문화예술교육은 국민들의 문화적 삶을 구성하는 요소 중의 하나로 포함되어 있다.

문화예술단체 실태조사는 '교육프로그램 운영건수' 지표를 중심으로 문학, 미술, 사진, 건축, 국악, 양악, 연극, 무용, 영화, 연예, 종합 등 11개 영역에 대해 3년 단위로 조사가 이루어지고 있다. 2003년 조사에서는 응답단체의 84.1%는 교육프로그램을 실시하지 않은 것으로 나타났다. 그리고 문화관광부와 한국문화관광연구원은 1988년부터 3년 주기로 '문화예술인 실태조사'를 실시하고 있다. 그러나 이 조사의 조사항목에는 예술인들이 문화예술교육 강사로서의 활동에 관한 사항은 포함되어 있지 않다.

문화예술통계의 경우, '문화예술교육 관련 고등학교, 전문대학, 대학교, 대학원 등 학교현황', '문화공간 규모', '문화학교 학교수 및 강좌 수' 등의 지표를 포함하고 있다. 그러나 문화공간의 운영인력에 관한 통계자료는 없으며, 문화예술교육 프로그램 담당인력규모를 파악하지 못하고 있다. 그리고 문화관광부와 한국문화관광정책연구원이 산출한 국민문화지수의 경우, 지수영역을 문화유산, 문학 및 예술영역, 대중문화영역, 사회문화적 활동 및 여가활동 영역으로 구분하고, '문화교육 참여율', '문화활동시간과 비용', '문화예술단체 및 문화예술인 규모', '문화예술행사', '문화공간규모' 등을 중심으로 지역별 문화지수를 측정하고 있다. 문화교육 참여율은 사회문화적 활동 및 여가활동 영역을 측정하는 중요한 지표로 활용되고 있다.

한편 지역문화예술교육 네트워크 지표조사 연구로는 '인천문화예술교육 네트워크 구축모델 연구(2006)'를 들 수 있다.[2] 이 연구에서는 지역단위에서 문화예술교육 프로그램을 성공적으로 운영하는 데 필요한 요소를 중심으로 지표체계를 개발하고, 이를 바탕으로 지표조사를 실시하였다. 특히 이 연구에서는 [표 3-1]에 나타난 바와 같이 인천지역의 문화예술교육 지표 중에서 인천지역 문화예술교육 프로그램을 운영하는데 있어서 관련 행위자들 간의 협력네트워크를 구축하는 데 필요한 지표를 중심으로 지표조사를 실시하였다.

2 임학순 외(2006), "인천문화예술교육 네트워크 구축모델 연구," 인천문화재단.

[표 3-1] 인천지역 문화예술교육 네트워크 지표조사의 구성체계

영역	세부지표	지표에 대한 설명
조사대상 단체의 일반적 특성	단체의 역사와 특성	단체의 설립 및 연혁, 단체의 법적 성격, 단체의 공공성과 자발성 정도, 단체의 유형(예술단체, 사회단체, 임의단체, 법인 등)
	단체의 활동 및 프로그램	단체의 목적, 단체의 주요활동과 프로그램
	단체의 규모와 자원	인원수, 재원규모, 공간과 시설 및 기자재 현황
문화예술 교육 프로그램 운영관리	문화예술교육 프로그램의 유형과 내용	문화예술교육 프로그램의 유형, 내용, 추진기간
	교육대상 집단	교육프로그램별 대상집단의 특성
	자원확보 및 관리	프로그램 기획, 개발 및 운영 전문인력 강사의 활용실태 프로그램 운영의 재원구조
네트워크 체계	유관기관	주요 유관기관 및 단체 미래 잠재 유관기관
	교류협력	유관기관 등 행위자들 상호간의 교류와 협력활동 교류협력 활동의 유형과 내용
	거버넌스체계	문화예술교육 프로그램 운영 관련 세부 거버넌스체계

자료: 임학순 외(2006), "인천문화예술교육 네트워크 구축모델 연구" 인천문화재단.

3. 지역파트너십 지표조사

1) 지역파트너십의 환경분석을 위한 지표체계를 설계한다

① 잠재 파트너를 탐색하기 위해 지역의 예술단체, 사회복지단체, 문화공간, 문화예술교육 연구단체, 문화예술교육 프로그램 운영단체 등에 대한 기초정보를 디렉토리화 한다.

② 잠재 파트너에 대한 지표조사의 범위는 시간과 예산의 제약여건을 고려하여 전략적으로 설정하며, 사업주관기관에서 추진하고자 하는 문화예술교육 프로그램의 구체적으로 결정된 경우에는 교육프로그램의 특성을 고려하여 실제로 파트너가 될 수 있는 단체 및 기관을 중심으로 지표조사를 실시한다.

③ 사업주관기관이 추진하고자 하는 문화예술교육 프로그램에

[표 3-2] 잠재파트너십 대상조직의 조사양식

- 단체 및 기관명
- 연락처
- 설립연도
- 조직목적
- 문화예술교육 프로그램운영 여부 및 명칭
- 문화예술교육 프로그램의 대상자집단
- 문화예술교육 프로그램 운영 관련 인력현황
- 문화예술교육 프로그램 운영 관련시설과 기자재 보유현황
- 사업주관기관과의 교류협력 실태
- 파트너십 대상기관이 사업주관기관과 파트너십을 구축할 이유와 기대효과
- 사업주관기관이 파트너십 대상기관과 파트너십을 구축할 이유와 기대효과
- 사업주관기관과의 파트너십 구축방향

필요한 자원유형을 고려하여 잠재 파트너들이 확보하고 있는 자원실태를 파악한다.

④ 잠재파트너별로 문화예술교육 프로그램의 운영실태를 파악한다.

⑤ 사업주관기관과 잠재파트너, 잠재파트너 상호간의 교류협력 역사와 실태를 파악한다.

2) 지표체계를 측정하기 위한 조사방법을 결정한다

① 조사대상규모가 많을 경우에는 구조화된 설문지 양식을 개발하여 대상기관에 배포하고, 작성을 부탁하여 자료를 확보한다.

② 조사대상규모가 적을 경우에는 현장방문을 통해 담당자와의 인터뷰를 실시하여 자료를 확보한다.

③ 구체적인 협력방향을 설정하기 위해서는 개별 기관들과의 공식적인 회의를 실시한다.

3) 조사결과를 분석하고 파트너십 구축자료로 활용한다

① 조사결과를 분석하여 파트너십 방향을 설정한다.

② 조사결과 분석자료는 파트너십에 참여하는 개별 기관들과의 협력방법과 역할을 구체적으로 설정하는 준거자료로 활용한다.

③ 파트너십 대상기관이 사업주관기관과 파트너십을 형성할

이유는 무엇이고, 그 수요는 어느 정도인가에 대해 이해함으로써, 실질적인 교류협력방안을 개발할 수 있다.

④ 사업주관기관이 파트너십 대상기관과 파트너십을 형성할 이유와 기대효과에 분석함으로써 사업주관기관과 파트너십 대상기관간의 파트너십 구축방향을 제시할 수 있다.

⑤ 잠재파트너와 사업주관기관, 잠재파트너간의 관계가 협력적인 관계인지, 갈등적인 관계인지, 경쟁적인 관계인지에 대해 파악함으로써 향후 파트너십 구축방향을 설정할 때 활용할 수 있다. 갈등적인 관계와 경쟁적인 관계인 경우에는 파트너십을 구축하는 데 나타나게 될 장애요인을 사전에 파악하여 단계적으로 극복하기 위한 방안을 수립할 필요가 있다.

5. 문화예술교육 프로그램의 특성을 파악한다

문화예술교육 프로그램의 특성에 따라 프로그램을 성공적으로 운영하기 위해 협력해야 할 인력, 단체, 기관, 지식과 정보 등의 요인이 달라지기 때문에, 문화예술교육 파트너십을 구축하기 위해서는 교육프로그램의 특성을 파악해야 한다. 문화예술교육 프로그램의 실태를 파악하기 위한 지표로는 프로그램 운영주체, 교육프로그램의 유형과 내용, 교육프로그램의 운영시기, 교육프로그램의 주요 대상집단, 교육프로그램의 목적과 배경 등을 들 수 있다. 문화예술교육 프로그램은 대상집단, 장르, 교육효과 등에 따라 그 유형이 다양하다. 문화예술교육 파트너십 관점에서 교육프로그램의 특성을 파악하기 위해서는 다음 사항을 적극적으로 고려할 필요가 있다.

1. 문화예술교육의 대상집단

문화예술교육 프로그램의 궁극적인 목적은 교육프로그램이 적용되는 학습자를 통해 실현될 수 있기 때문에, 문화예술교육 프로그램의 파트너십을 구축하기 위해서는 대상집단의 특성을 파악해야 한다. 문화예술교육 영역이 장애자복지, 생태환경, 학교교육, 노인복지 등 타 영역과의 연계가 확대되고, 다양화됨에 따라 문화예술교육 파트너십 구축과정에서 고려해야 할 파트너십 대상집단의 유형 또한 다양해지고 있다.

특정 대상집단과 관계된 기존의 공공부문과 민간부문의 관련 단체 및 기관들과의 협력네트워크를 구축하기 위해서는 특정 대상집단의 특성에 대한 이해가 무엇보다도 중요하다. 문화관광부와 한국문화예술교육진흥원이 2005년부터 추진하고 있는 '학교와 지역사회 연계 문화예술교육사업' 인 경우에는 대상집단이 학생들이기 때문에, 학생들과 관련된 교육행정, 교육방법론, 교육과정 등에 대한 특성들을 파악할 필요가 있다. 이 경우, 학생을 가장 우선으로 생각하는 파트너십만이 살아남는다. 또한 사회취약계층 문화예술교육사업인 경우, 대상집단은 장애자, 노인, 사회취약계층, 교정대상자 등이기 때문에, 이러한 대상집단과 관계된 집단 및 단체, 전문가들과의 협력관계를 체계적으로 구축할 필요가 있다.

한편 문화예술분야 출신의 강사들이 문화예술교육 프로그램 실천 현장에서 효과적으로 교육과정을 수행하기 위해서는 학생,

장애자, 노인 등 교육대상집단에 대해 충분하게 이해할 필요가 있으며, 이를 바탕으로 교육내용과 교육방법을 맞춤형으로 개발할 필요가 있다. 이 과정에서 학교교사, 교육공학전문가 등으로부터 학생들에 관해 충분한 정보를 확보할 필요가 있다.

문화예술교육 파트너십의 구축관점에서 교육대상집단의 특성을 파악하기 위해서는 다음 사항을 고려할 필요가 있다.

- 교육대상집단을 직접 고객으로 설정하고 있는 단체 및 기관의 특성을 파악한다.
- 교육대상집단을 대상으로 한 교육과정에서 다른 교육대상집단과 차별적으로 접근해야 할 사항이 무엇인지 파악한다.
- 교육대상집단을 선정하는 과정에서 교육대상집단과 관련된 단체와 기관으로부터 협력을 받아야 할 것은 무엇인지 파악한다.
- 교육대상집단을 대상으로 교육을 실시하는 과정에서 교육대상집단과 관련된 단체와 기관으로부터 협력을 받아야 할 것은 무엇인지 파악한다.
- 교육대상집단을 대상으로 한 교육과정을 설계하는 과정에서 학제적인 접근이 수행해야 할 경우, 관련단체와 기관은 무엇인지 파악한다.

2. 문화예술교육 장르

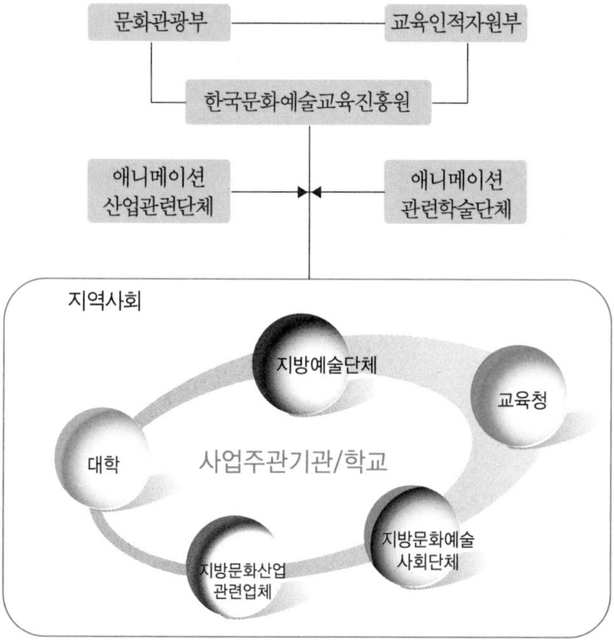

자료: 임학순(2006), "지역기반 문화콘텐츠 학습프로그램의 문화거버넌스 모델 개발에 관한 연구," 『지방정부연구』 제9권 제4호.

[그림 3-1] 학교와 지역사회연계 애니메이션 교육사업 추진모델

문화예술교육 프로그램은 문화예술을 소재로 개발된 교육프로그램이기 때문에 교육소재인 문화예술의 장르에 따라 관련단체 및 기관이 다를 수 있다. 교육소재가 순수예술인지, 전통예술인지, 아니면 문화산업인지에 따라 관련단체와 기관은 상당히 차이가 있다. [그림 3-1]에 나타난 바와 같이 학교와 지역사회 연계

를 기반으로 애니메이션을 이용하여 청소년 교육을 실시할 경우, 학교와 사업주관기관 외에도 문화관광부와 교육인적자원부, 한국문화예술교육진흥원, 한국문화콘텐츠진흥원, 지방자치단체, 교육청, 지역문화산업지원센터, 애니메이션 관련단체, 지역문화예술단체, 대학 등 다양한 행위자들이 관련되어 있다.

또한 문화예술의 장르에 따라 교육내용과 교육방법이 다르다. 따라서 문화예술의 장르는 강사의 선정기준에도 영향을 미칠 수 있다. 그리고 문화예술교육 프로그램을 운영하는데 필요한 지식정보 자원을 둘러싼 파트너십도 문화예술의 장르에 따라 다를 수 있다.

문화예술교육 파트너십 관점에서 문화예술교육의 장르를 파악하기 위해서는 다음 사항을 적극적으로 고려할 필요가 있다.

- 문화예술교육 장르와 관련된 문화예술단체 및 기관현황을 조사한다.
- 문화예술교육 장르의 교육과 관련된 학문공동체현황을 조사한다.
- 문화예술교육 장르와 관련된 강사인력의 특성을 파악한다.
- 문화예술교육 장르와 관련된 지식정보관리체계 현황을 파악한다.
- 문화예술교육 장르와 관련된 학제적 연구개발 수요를 파악한다.

6. 자원분석을 실시한다

1. 자원의 중요성

파트너십은 자원(resource)을 중심으로 형성되는 경우가 많기 때문에, 파트너십을 구축하기 위해서는 문화예술교육 프로그램을 운영하는 데 필요한 자원에 대해 이해할 필요가 있다. 문화예술교육 프로그램을 운영하는 데 필요한 주요 자원으로는 재정, 인력, 지식과 정보, 시설과 기자재, 행정지원 등을 들 수 있다. 이와 관련하여 개별 문화예술교육 프로그램별로 문화예술교육 자원들이 어느 정도 필요하고, 실제 어느 정도 확보할 수 있는지에 대해 분석할 필요가 있다.

이러한 자원을 보유하고 있는 정도는 사업주관기관에 따라서 매우 다양하다. 사회복지기관이 문화예술사업 주관기관으로 설정되어 있는 경우에는 사회취약계층을 위한 교육시설과 기자재를 갖추고 있지만, 문화예술교육 전문인력, 강사, 문화예술교육분야의 지식과 정보 등의 측면에서는 매우 취약한 실정이다. 이러한 환경에서 사회복지기관이 문화예술교육 프로그램을 성공적으로 운영하기 위해서는 문화예술분야의 단체 및 기관들과의 협력관계를 구축할 필요가 있다고 할 수 있다. 반면에 문화예술단체가 사업주관기관인 경우에는 학습자의 특성에 대한 지식과 정보가 부족하고, 교육대상인 학습자를 선정하는 데도 어려움을 겪는 경우가 많다. 이러한 상황에서 문화예술단체인 사업주관기관은 학습자와 관련된 사회복지단체와 학교 등과의 파트너십을 구축하여 부족한 부문을 채워 나갈 수 있을 것이다.

이러한 자원을 지역사회의 파트너대상집단이 갖추고 있지 않은 경우에는 다른 지역에서 자원을 확보하고 있는 단체 및 기관들과의 파트너십을 구축할 필요가 있다. 특히 농어촌지역이나 중소도시 지역인 경우에는 문화예술교육 프로그램을 운영하는데 필요한 자원들이 매우 취약한 실정이기 때문에, 지역 내에서 이러한 자원을 확보하는데 한계가 있다. 이와 관련하여 문화예술교육 프로그램을 지역에서 실행하기 위해서는 무엇보다도 지역의 자원에 대한 지표조사를 실시할 필요가 있다.

2. 자원지표 조사

자원지표는 문화예술교육 프로그램을 운영하는 데 소요되는 자원실태와 활용가능성 등을 측정하기 위한 지표를 의미한다. 자원지표는 자원의 수요와 공급지표를 포함한다. 이러한 문화예술교육 자원에 대한 지표조사는 크게 다음 세 가지 측면에서 의미가 있다.

첫째, 문화예술교육 자원지표는 정책지표(policy indicator)로서 활용될 수 있다. 이것은 자원지표가 문화예술교육 영역에 대한 정책분석, 계획수립, 성과측정 및 평가, 집행 등 정책과정 전반에 합리적 의사결정을 위한 준거정보와 지식을 제공할 수 있다는 것을 의미한다.

둘째, 자원지표는 실천적 현장지표로서 활용될 수 있다. 이것은 문화예술교육 현장에서 실제로 교육프로그램을 기획하고, 운영하고 있는 문화예술교육기관의 활동과 의사결정을 위한 준거정보와 지식을 제공할 수 있다. 주요 문화예술교육 기관으로는 학교, 문화예술회관, 평생학습센터, 문화의집, 지방문화원, 공공도서관, 청소년센터, 사회복지센터, 주민자치센터 등 다양하다. 이러한 문화예술교육기관에서는 교육프로그램 기획활동에 관한 통계, 인적자원 수급통계, 프로그램 수요통계 등 실증적인 자료를 필요로 하고 있다.

셋째, 자원지표는 국민의 인식을 제고하고, 학문적 활동을 위한 분석지표로서 활용될 수 있다.

자원유형별로 자원지표조사 항목을 구분하여 살펴보면 다음과 같다.

첫째, 재정자원 지표는 문화예술교육 프로그램을 추진하는 데 소요되는 재정규모와 재원구성에 관한 지표이다. 이러한 재정자원지표 중에서 재원구성에 관한 지표는 재정을 제공한 지원단체 및 기관을 파악할 수 있게 함으로써 사업주관기관으로 하여금 재정지원조직들과의 파트너십을 구축하는 데 준거자료로 활용될 수 있다. 이와 관련하여 사업주관기관은 중앙단위의 문화관광부와 한국문화예술교육진흥원뿐 아니라 지방자치단체와 기타 후원단체들과 협력관계를 지속적으로 유지할 필요가 있다.

둘째, 인적자원지표는 문화예술교육 프로그램의 관리자와 강사, 그리고 잠재인력에 관한 지표이다. 이러한 인력들은 문화예술단체, 문화예술교육단체, 그리고 대학 등과 밀접한 관계를 가지고 있다. 이와 관련하여 사업주관기관은 문화예술교육 프로그램을 운영하는 데 필요한 인적자원 수요를 파악하고, 이러한 인적자원을 양성하거나 인적자원에 관한 정보를 갖고 있는 단체 및 기관들과의 협력관계를 구축할 필요가 있다.

셋째, 시설과 기자재는 문화공간, 소프트웨어, 세미나실, 시청각 장비 등 문화예술교육 프로그램을 운영하는 데 필요한 각종 시설과 기자재를 의미한다. 따라서 시설과 기자재 지표는 이러한 시설과 기자재가 어느 정도 확보되어 있고, 활용될 수 있는지 등을 나타낼 수 있어야 한다. 사업주관기관은 문화예술교육 프로그램을 운영하는데 필요한 시설과 기자재 수요를 파악하고, 이러한 시설과 기자재를 갖추고 있는 단체 및 기관들과의 협력관계를 구축할 필요가 있다.

넷째, 지식과 정보는 문화예술교육 프로그램의 기획, 운영, 평가와 관련된 지식과 정보를 의미한다. 문화예술교육 프로그램을 운영하기 위해서는 문화예술교육을 둘러싼 환경적 요소와 노동시장, 그리고 정책 및 사업의 성과 등 문화예술교육 시스템 전반에 대한 분석이 필요하다. 지식정보 자원과 관련된 주요 지표들을 예시하면, 인력정보, 지역문화통계, 교육내용, 교육방법, 교육대상, 교육프로그램 등에 대한 지표들을 들 수 있다. 이러한 지식정보자원은 문화예술교육 프로그램이 다양화 · 전문화되고, 문화예술교육에 대한 이론적 기반을 강화할 필요성이 확대됨에 따라, 한층 더 그 수요가 커지고 있는 추세이다. 사업주관기관은 문화예술교육 프로그램을 운영하는데 필요한 지식과 정보수요를 파악하고, 이러한 지식과 정보를 갖추고 있는 단체 및 기관들과의 협력관계를 구축할 필요가 있다.

3. 자원기반의 파트너십 구축

① 사업주관기관은 기획한 문화예술교육 프로그램을 운영하는데 필요한 자원 수요를 구체적으로 측정한다.

[표 3-3] 파트너십 구축자원의 수요조사

자원 유형	재정	인력	지식과 정보	시설과 기자재	행정
세부 자원수요					
자원확보 필요시점					
관련단체 및 기관					
단체 및 기관별 자원 확보 및 관련현황					
자원확보 및 관리계획					

② 사업주관기관은 문화예술교육 프로그램을 운영에 필요한 자원 중에서 자체 조달할 수 있는 자원현황을 분석한다.

③ 사업주관기관은 문화예술교육 프로그램 운영기관의 환경조직 중 자원을 갖고 있거나 연관되어 있는 조직들은 누구인지 파악한다. 그리고 이러한 조직들의 특성을 파악한다.

④ 사업주관기관은 문화예술교육 프로그램 운영기관의 환경조직을 대상으로 문화예술교육에 대한 수요 및 인식수준에 대해 파악한다.

⑤ 사업주관기관은 자원을 확보하고, 지속적으로 관리하기 위해 자원과 연관되어 있는 환경조직들과 개별적으로 협력가능성과 협력방향에 대해 협의한다.

⑥ 사업주관기관은 환경조직들로부터 자원을 확보하는 대가로 무엇을 환경조직들에게 전달할 수 있을 것인가에 대해 방안을 수립한다.

⑦ 사업주관기관은 자원의 확보 및 관리를 위한 파트너십 구축방향과 전략에 대해 구체적인 대안을 마련하고, 자원활용계획을 수립한다.

7. 사업주관기관의 내부 역량을 파악한다

사업주관기관이 환경조직들과 파트너십을 형성하기 위해서는 파트너십 대상기관과 구체적인 협의를 진행하기 전에 사업주관기관의 내부 역량에 대한 자체 분석을 실시해야 한다. 파트너십은 사업주관기관의 일방적인 요구나 의지만으로 이루어지는 것이 아니고 파트너십 대상기관과의 지속적인 상호작용과 신뢰관계를 바탕으로 이루어지기 때문이다. 이런 맥락에서 사업주관기관은 자체 역량을 진단하여 문화예술교육 프로그램을 성공적으로 운영하는 데 있어서 자체 역량의 한계와 가능성이 무엇인지를 파악하고, 파트너십 대상기관에 대해서는 무엇을 제공할 수 있을 것인가에 대해 파악할 필요가 있다.

사업주관기관의 내부역량을 파악하기 위해서는 다음 사항을 성찰적인 자세로 점검할 필요가 있다.

1. 기획역량 분석

① 사업주관기관의 직원 중에서 문화예술교육 프로그램 기획과 관리경험이 있는 직원이 어느 정도 있는가?
② 사업주관기관은 문화예술교육 프로그램의 운영에 대한 경험과 지식 및 정보를 체계적으로 관리하고 있는가?
③ 사업주관기관은 교육대상자인 잠재학습자에 대해 어느 정도 그 특성을 파악하고 있으며, 학습자정보를 어느 정도 확보하고 있는가?
④ 사업주관기관은 내부직원, 강사, 관련단체 및 기관의 문화예술교육 담당자, 문화예술교육 관련전문가 등이 상호소통할 수 있는 문화예술교육 프로그램 기획체계를 확보하고 있는가?
⑤ 사업주관기관은 지역의 문화예술교육 환경에 대한 지식정보를 어느 정도 갖추고 있으며, 체계적으로 관리하고 있는가?

2. 자원확보 및 관리역량의 분석

① 자체 재정자립도는 어느 정도인가?

② 정부 및 공공기관 등 외부기관으로부터 안정적으로 재정을 확보할 수 있는 기반을 갖추고 있는가?

③ 강사인력을 어느 정도 확보하고 있으며, 문화예술교육 프로그램을 효과적으로 운영하기 위한 우수한 강사 인력확보 및 지원체계를 갖추고 있는가?

④ 문화예술교육 프로그램을 운영하는 데 필요한 시설과 기자재는 어느 정도 갖추고 있는가?

⑤ 문화예술교육 프로그램의 목적에 적합한 학습자를 선정하고, 관리할 수 있는 역량을 어느 정도 갖추고 있는가?

⑥ 문화예술교육 프로그램의 운영과 관련된 지식정보를 충분히 확보하고 있는가?

3. 환경조직과의 신뢰관계 분석

① 문화관광부와 한국문화예술교육진흥원 등 중앙정부 차원에서 지원받은 문화예술교육 프로그램을 효과적으로 운영하였으며, 이에 대한 문화관광부 및 한국문화예술교육진흥원의 사업주관기관 평가는 어느 정도인가? 평가 정도가 아주 긍정적인가, 보통인가, 아니면 부정적인가?

② 지방자치단체로부터 지원 또는 위탁받은 문화예술교육 프로그램을 효과적으로 운영하였으며, 이에 대한 지방자치단체의 사업주관기관 평가는 어느 정도인가? 평가정도가 아

주 긍정적인가, 보통인가, 아니면 부정적인가?

③ 사업주관기관 직원과 지방자치단체 직원들의 상호작용 결과, 어느 정도 협력관계가 구축되어 있는가?

④ 교육청으로부터 지원 또는 위탁받은 문화예술교육 프로그램을 효과적으로 운영하였으며, 이에 대한 교육청의 사업주관기관 평가는 어느 정도인가? 평가 정도가 아주 긍정적인가, 보통인가, 아니면 부정적인가?

⑤ 사업주관기관의 문화예술교육 프로그램에 직·간접으로 참여한 경험이 있는 학교, 사회복지기관, 문화예술단체, 지방문화원 등 공공문화기관 등의 사업주관기관에 대한 평가는 어느 정도인가? 평가 정도가 아주 긍정적인가, 보통인가, 아니면 부정적인가?

⑥ 사업주관기관의 문화예술교육 프로그램에 참여한 강사들의 사업주관기관에 대한 평가는 어느 정도인가? 평가정도가 아주 긍정적인가, 보통인가, 아니면 부정적인가?

⑦ 사업주관기관에 대한 학습자, 학습자 관련 단체 및 기관, 학습자 관련교사 또는 가족 등의 평가는 어느 정도인가? 평가 정도가 아주 긍정적인가, 보통인가, 아니면 부정적인가?

⑧ 사업주관기관에 대한 지역주민들의 평가는 어느 정도인가? 평가 정도가 아주 긍정적인가, 보통인가, 아니면 부정적인가?

⑨ 사업주관기관의 문화예술교육 프로그램 운영과 관련하여 자문활동을 수행한 경험이 있는 전문가들의 사업주관기관

에 대한 평가는 어느 정도인가? 평가 정도가 아주 긍정적인가, 보통인가, 아니면 부정적인가?

4. 파트너십 구축을 위한 내부 장애요인 분석

① 사업주관기관 직원들의 인식과 태도가 외부 환경조직과의 협력관계에 대해 부정적인 태도나 방어적인 태도를 갖고 있는가?

② 사업주관기관 직원들이 외부 환경조직에 대해 전문성을 낮게 평가하거나 외부 환경조직의 역량에 대해 부정적인 평가를 어느 정도 하고 있는가?

③ 사업주관기관 직원들이 파트너십 대상기관에 대해 정보서비스를 하는 것에 대해 어느 정도 중요하게 인식하고 있는가?

④ 사업주관기관 직원들이 외부 환경조직과의 교류협력 수요를 어느 정도 갖고 있는가?

⑤ 사업주관기관이 문화예술교육 프로그램을 효과적으로 수행하는 데 필요한 자원 중 자체 확보가 가능한 비율은 어느 정도인가?

⑥ 사업주관기관의 직원들의 문화예술교육 프로그램의 운영을 단기적 사업으로 인식하고 있는가, 장기적 사업으로 인식하고 있는가?

5. 파트너십 구축 수요 분석

① 사업주관기관은 문화예술교육 프로그램의 성공적 운영을 위하여 갖추어야 할 조건과 내부 역량, 그리고 파트너십 환경분석 결과를 바탕으로 구체적인 파트너십 구축 수요를 진단한다.

② 사업주관기관은 파트너십 구축수요를 공공지원조직, 자원관련 조직, 학습자 관련 조직, 인식공유 및 신뢰관계 구축조직 등 파트너십 대상기관별로 구체적으로 작성한다.

③ 사업주관기관은 파트너십 구축수요에 대해 파트너십 대상기관들과 인식을 공유하기 위해 노력한다.

④ 사업주관기관은 파트너십 구축수요 결과를 바탕으로 파트너십 구축을 위한 사업계획을 수립하고, 이를 단계적으로 실천한다.

8. 문화예술교육 프로그램의 가치에 대한 확신을 가지고, 파트너십 구축을 위한 인식공유 활동을 추진한다

1. 가치확신

문화예술교육 프로그램 담당자가 관련 환경조직들과 협력네트워크 체계를 구축하기 위해서는 상호인식을 공유할 필요가 있는데, 이를 위해서는 무엇보다도 사업담당자가 문화예술교육 프로그램의 필요성과 중요성에 대해 충분하게 확신할 정도의 자신감을 갖추고 있어야 한다. 사업주관기관의 스스로가 이 사업에 대해 의미를 부여하지 못하면, 다른 단체 및 기관들을 협력자로 확보하는 데 한계가 있기 때문이다.

이와 관련하여 사업주관기관은 최소한 다음 사항에 대해서는 스스로의 논리를 갖추고, 문화예술교육사업의 의미와 가치에 대해서 확신을 갖고 있어야 한다.

- 사업주관기관의 문화예술교육사업은 학습자들에게 의미있는 체험 및 변화의 기회를 제공하게 될 것이다.
- 사업주관기관의 문화예술교육사업은 중앙정부로부터 지원을 받고 있고 있는 공공사업으로 지방자치단체와 교육청 등 지역사회의 지원과 참여가 뒷받침될 때, 시너지효과가 창출될 수 있다.
- 사업주관기관의 문화예술교육사업은 지역사회에 바람직한 영향을 줄 것이다.
- 사업주관기관의 문화예술교육사업은 지역사회의 문화예술교육 네트워크를 구축하는 데 기여할 것이다.
- 사업주관기관의 문화예술교육사업은 교육관리자, 강사, 매개자, 단체 및 기관 등 참여자들에게 문화예술교육분야에 대한 전문성을 함양할 수 있는 좋은 경험을 제공할 수 있다.
- 사업주관기관의 문화예술교육사업은 파트너십에 참여하는 기관 및 단체에게도 미래 문화예술교육 활동과 관련하여 좋은 경험과 계기가 될 수 있다.

2. 인식공유 활동

문화예술교육 파트너십을 구축하기 위해서는 파트너십에 참여하는 대상집단들이 문화예술교육사업에 대해 공통된 인지구조를 형성할 필요가 있다. 사업주관기관은 파트너십 대상기관들을 대상으로 파트너십을 구축하기 위한 홍보마케팅 활동을 수행하고, 지속적으로 파트너십에 대한 인식을 공유하기 위한 활동을 추진할 필요가 있다. 이 과정에서 사업주관기관은 무엇보다도 파트너십 대상기관들이 사업주관기관들의 문화예술교육 프로그램에 대해 참여할 의지가 있는지의 여부와 관심 정도를 파악할 필요가 있다. 그리고 사업주관기관은 잠재적 파트너의 동기가 무엇이고, 잠재적 파트너들이 공동목표를 달성하기 위해 함께 일하는 것에 대해 동의하는지에 대해 알아본다. 파트너십은 사업주관기관의 파트너십 수요와 파트너십 대상기관의 파트너십 수요가 적합하게 조정될 경우에 형성될 수 있기 때문이다. 따라서 사업주관기관들은 잠재적인 파트너십 대상기관들에 대해 적극적인 홍보마케팅 전략을 추진할 필요가 있다.

- 사업주관기관은 파트너십 대상기관들을 중심으로 문화예술교육 파트너십 수요에 대해서 파악한다.
- 사업주관기관은 사업설명회를 개최하여 문화예술교육사업의 내용과 파트너십 구축방향에 대하여 홍보마케팅 활동을 추진한다.
- 사업주관기관은 문화예술교육 파트너십과 관련된 협의를 진흥하기 위하여 잠재파트너들과 간담회, 실무회의, 세미나 등을 개최한다.

- 사업주관기관은 잠재파트너들에게 문화예술교육 파트너십과 관련된 자료와 정보를 지속적으로 제공한다.
- 사업주관기관은 직접 잠재파트너를 방문하여 심층적인 협의를 진행하고, 잠재파트너들이 문화예술교육 파트너십을 구축하는 방안에 대해 동의하는지를 파악한다.
- 사업주관기관은 파트너십에 참여하는 대상기관들과 함께 공유된 비전을 개발하고, 이에 대한 합의를 형성하기 위해 노력해야 한다.

3. 파트너십 실행계획 수립 및 일정관리

사업주관기관은 참여하는 파트너들과 구체적인 파트너십 구축 방향을 설정하고, 이를 바탕으로 문화예술교육사업을 수행하기 위한 파트너십 실행계획을 수립한다. 파트너십 실행계획에는 파트너별로 파트너십 형태, 파트너십 내용, 파트너십 구축 일정 등을 포함시킨다.

- 파트너십 실행계획은 잠재파트너별로 구체적인 파트너십 목적과 방향을 설정하여 제시한다.
- 파트너십 실행계획은 잠재파트너들과의 개별 접촉 또는 전체 접촉을 통해 상호 협의하여 수립함으로써, 실행계획의 타당성을 높인다.

- 파트너십 실행계획에는 잠재파트너별로 파트너십의 형태와 내용을 구체적으로 설정한다.
- 파트너십 실행계획에는 잠재파트너별로 파트너십 구축일정을 구체적으로 설정한다.
- 파트너십 실행계획에는 문화예술교육사업에 있어서 파트너십의 역할이 종료한 이후에도 사후관리를 위한 계획을 제시하여 파트너십의 지속성을 확보한다.

9. 파트너십 대상집단과 합의하여 파트너십의 형태와 수준을 결정한다

사업주관기관은 파트너십 대상집단과 합의하여 문화예술교육 파트너십의 형태를 결정해야 한다. 문화예술교육 파트너십의 형태는 문화예술교육 프로그램의 특성과 파트너십 대상기관의 특성에 따라 다양하다.

1. 재정자원을 기반으로 한 파트너십 유형

사업주관기관은 정부와 공공부문으로 문화예술교육 프로그램을 수행하는 데 필요한 재정을 지원받는 경우가 많다. 공공부문의 재정지원은 주로 문화관광부와 한국문화예술교육진흥원, 그리고 지방자치단체의 지원으로 구성되는 경우가 많다. 사업주관기관은 이러한 재정자원을 지속적으로 확보하고, 효과적으로 집행하기 위해 공공부문 조직들과 파트너십을 형성할 필요가 있다.

2. 행정지원을 기반으로 한 파트너십 유형

사업주관기관은 교육대상 집단을 선정하고, 교육을 실행하는 과정에서 교육청, 지방자치단체, 문화관광부, 한국문화예술교육진흥원, 학습자 관련기관 등으로부터 행정적인 협력을 받을 경우가 많다. 행정적인 협력관계는 사업주관기관이 교육프로그램을 운영하면서 겪는 애로사항을 해결하는 데 도움을 주는 경우가 많다. 예컨대, 학교와 지역사회 연계 문화예술교육사업인 경우에는 교육청의 행정적인 협력이 사업주관기관과 학교와의 관계를 우호적으로 형성하는 데 크게 기여할 수 있다.

3. 공동으로 교육프로그램을 운영하기 위한 파트너십 유형

사업주관기관은 문화예술교육 프로그램의 특성이나 교육대상의 특성을 고려하여 직접 단독으로 교육프로그램을 운영하는 경우뿐 아닐 다른 단체 및 기관과 공동으로 추진하는 경우도 있다. 공동으로 교육프로그램을 운영하는 경우에 사업주관기관과 참여기관의 관계는 다양하다. 사업주관기관이 전체적인 사업관리를 하되, 실제 교육업무를 특정 전문단체에 전담시키는 방법이 있는가 하면, 문화예술교육 프로그램 전 과정에서 두 기관이 공동으로 참여하는 경우도 있다.

4. 교육대상집단의 특성에 기반을 둔 파트너십 유형

문화예술교육 파트너십은 교육대상집단과 밀접한 관계를 형성하고 있는 단체와 기관들을 중심으로 구축될 수 있다. 이러한 단체 및 기관들은 사업주관기관에게 교육대상집단과 관련된 지식정보를 제공하고, 교육대상집단을 선정하는 과정에서 매개역할을 수행할 수 있다. 문화예술단체가 사업주관기관인 경우에 장애자들을 대상으로 교육프로그램을 운영하기 위해서는 장애인종합복지관이 교육대상집단의 수요조사, 교육대상선정, 교육과정 개발, 교육방법 개발, 교육실시 등에서 중요한 역할을 수행할 수 있다. 마찬가지로 학교와 지역사회 연계 문화예술교육사업에서는 사업주관기관과 학생들의 매개역할을 학교조직이 담당할 수 있다.

5. 지식과 정보자원에 기반을 둔 파트너십 유형

사업주관기관은 문화예술교육 프로그램을 수행하는 데 필요한 지식과 정보자원을 확보하고, 관리하기 위하여 파트너십을 형성하는 경우가 있다. 기존의 지식과 정보자원으로는 문제가 해결되지 않은 경우에는 파트너들과 공동으로 조사연구사업을 추진할 수도 있다. 이러한 파트너십 유형은 교육프로그램의 특성에 따라 요구되는 지식과 정보자원이 다양하기 때문에 가능한 많은 지식과 정보를 산출하고 관리하고 있는 파트너들을 개발할 필요가 있다.

6. 인적자원에 기반을 둔 파트너십 유형

사업주관기관은 문화예술교육 프로그램을 수행하는 데 필요한 인적자원을 확보하고, 관리하여 파트너십을 형성하는 경우가 있다.

10. 파트너십 대상집단들의 역할분담을명확하게 설정한다

사업주관기관은 문화예술교육 프로그램의 특성과 파트너십 대상집단들의 특성을 고려하여 파트너십 형태를 결정한 후에는 파트너십 대상집단들의 역할분담체계를 명확하게 설정해야 한다. 이러한 역할체계가 명확하지 않을 경우에는 사업주관기관은 파트너십 대상집단들과 파트너십을 구축하기 위해서 어떤 활동과 전략을 추진해 나가야 하는가에 대해서 명확하게 인식하지 못하게 된다. 파트너십 대상집단들의 구체적인 역할분담체계에 대해서는 사업주관기관의 직원뿐 아니라 파트너십 대상집단의 직원, 그리고 문화예술교육 프로그램에 참여하는 관련 단체 및 기관들의 직원이 모두 인식할 필요가 있다. 사업주관기관과 파트너십 대상집단 상호간에는 필요한 경우에 파트너십협약서를 체결하여 사업주관기관과 파트너십 대상집단이 문화예술교육 프로그램이 진행되는 과정에서 구체적인 어떤 역할을 수행해야 할 것인가에 대해 명확하게 인식을 공유할 필요가 있다.

사업주관기관과 파트너십 대상집단의 상호작용은 문화예술교육 프로그램 뿐 아니라 일반적인 조직활동차원에서도 활발하게 일어날 수 있다. 예컨대, 지방문화원 하나만 보더라도, 중앙과 지방, 민간비영리단체 등 다양한 조직들과의 연계 속에서 문화예

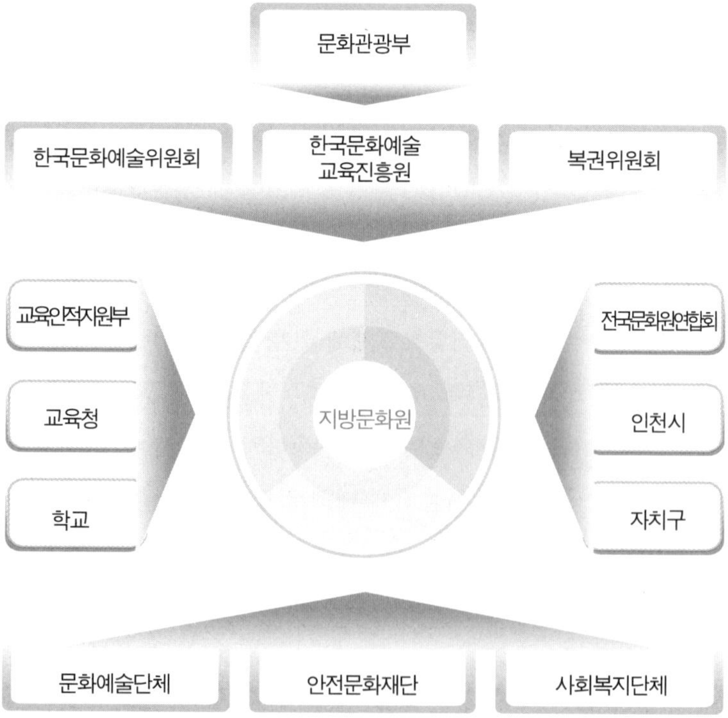

[그림 3-2] 인천지역 지방문화원 조직 네트워크

술교육사업이 이루어지고 있다는 것을 알 수 있다. 이 경우에 사업주관기관은 특정 문화예술교육 프로그램으로 형성된 파트너십과 일반 문화사업으로 형성된 파트너십을 종합적으로 활용하여 파트너십의 시너지를 창출할 수 있도록 해야 할 것이다.

한편 사업관리자는 문화예술교육사업의 특성과 자원의 특성, 그리고 파트너십 대상조직의 특성을 바탕으로 네트워크 다이어그램을 작성하여 파트너십 구축을 위한 전략개발 및 추진과정에 활용한다. 네트워크 다이어그램(network diagram)은 파트너십 및 네트워크 참여자들을 중심으로 업무간의 관계구조를 나타낸 일정표를 의미한다. 이러한 네트워크 다이아그램은 복잡한 문제를 일목요연하게 표현함으로써 구성원들로 하여금 실천적 활동을 수행할 수 있도록 길라잡이 역할을 하게 된다. 이와 관련하여 사업주관기관은 문화예술교육사업의 세부 업무구조와 자원구조, 그리고 관련 단체 및 조직과의 협력내용 등을 나타낼 수 있는 조감도를 작성하여 사업관리자와 사업참여자들이 한 눈에 문화예술교육사업의 네트워크 체계를 인식할 수 있도록 한다. 그리고 사업주관기관은 파트너십 및 네트워크 구축을 위한 작업흐름도를 작성한다. 작업흐름도는 복잡한 프로젝트구조를 작업일정별로 재구조화하기 위한 기획기법으로 실제행동의 준거지침으로 활용될 수 있다.

11. 파트너십 대상집단들의 참여를 활성화해야 한다

문화예술교육 파트너십이 지속적인 발전하기 위해서는 파트너십 대상집단들이 문화예술교육 프로그램의 운영과정에 적극적으로 참여할 수 있는 여건을 조성해야 한다. 문화예술교육 파트너십은 사업주관기관과 파트너십 대상집단의 지속적인 상호작용을 바탕으로 발전할 수 있기 때문이다. 사업주관기관이 파트너십 대상집단의 참여를 활성화하기 위해서는 파트너십 대상집단과 협약한 파트너십 활동뿐 아니라 문화예술교육 프로그램 기획과정 전반에 참여할 기회를 제공할 필요가 있다. 이와 관련하여 사업주관기관은 사업주관기관의 활동 및 문화예술교육 프로그램 운영과 관련된 정보를 지속적으로 파트너십 대상기관에 제공할 필요가 있다. 또한 사업주관기관은 문화예술교육 프로그램을 기획,

운영, 평가하는 과정에서 워크숍, 자문회의, 세미나 등을 활용하여 이러한 파트너십 대상기관의 참여를 활발하게 할 수 있다. 이를 통하여 파트너십 대상집단은 문화예술교육 프로그램 운영에 대한 전반적인 흐름을 이해할 수 있고, 참여로 인한 자부심을 갖게 될 수 있다. 또한 파트너십이 네트워크 수준으로 발전하기 위해서는 파트너십 대상기관들이 자발적으로 참여할 수 있는 기반을 조성할 필요가 있다.

12. 문화예술교육 프로그램의 환경영역으로부터 신뢰를 받아야 한다

파트너십에 참여하는 개인과 단체는 다양한 사회문화적 · 경제적 맥락에 뿌리를 두고 있기 때문에 신뢰형성은 매우 중요한 요소라고 할 수 있다. 이러한 신뢰수준에 따라 파트너십은 상당한 영향을 받는다. 효과적인 파트너십은 비공식 관계에서의 개인들의 상호작용과 공식적인 관계에서의 집단들의 상호작용을 통해 형성, 발전한다. 이러한 신뢰관계를 구축하기 위해서는 다음 사항을 적극적으로 고려할 필요가 있다.

- 사업주관기관은 파트너십 참여자들로부터 파트너십을 구축하는 목적이 의미 있고, 상호 호혜적인 것이라는 인식을 갖도록 해야 한다.

- 신뢰감을 창출하기 위해서는 사업추진기관 및 담당자들이 열성을 다해 노력한다는 인식이 형성되어야 한다.
- 사업주관기관 및 담당자들이 전문성을 제고하기 위해 노력하고, 이를 위한 체계를 구축하여야 한다. 이를 통하여 파트너십 참여자들로 하여금 사업주관기관이 문화예술교육 프로그램을 운영할 전문역량을 충분히 갖추고 있다는 믿음을 심어줄 필요가 있다.
- 사업추진기관 및 담당자들은 관련기관 및 단체, 그리고 관련 전문가들과 함께 사업을 추진한다는 인식을 공유할 필요가 있다.
- 성공적인 파트너십 구축은 행위자들이 늘 듣고, 배우고, 변화를 적극 수용한다는 열린 시각을 갖추어야 한다.
- 성공적인 파트너십을 구축하기 위해서는 파트너십 참여자들 상호간에 문화예술교육에 대한 세계관을 공유하기 위해 노력해야 한다.

13. 문화예술교육 네트워크 구축 및 운영을 위한 리더십을 발휘해야 한다

1. 문화예술교육 관리자의 유형

사업주관기관이 문화예술교육 파트너십과 협력네트워크를 성공적으로 구축하고, 이를 지속적으로 발전시켜 나가기 위해서는 사업주관기관의 환경적 요소와 내부역량, 그리고 학습자 등 문화예술교육체계를 형성하는 요소들을 유기적으로 연계시킬 필요가 있다. 이를 위해서는 사업주관기관의 대표와 실무관리자들의 리더십이 매우 중요하다. 사업주관기관의 문화예술교육 관리자가 문화예술교육 프로그램의 파트너십과 네트워크를 지속적으로 형성, 발전시키기 위해서는 효과적인 리더십을 갖추고 있어야 한다.

사업주관기관의 문화예술교육 관리자가 갖추어야 할 요건으로는 크게 다음 세 가지를 들 수 있다.

1) 기획자

문화예술교육 관리자는 문화예술을 바탕으로 학습자를 위한 교육프로그램을 기획할 수 있는 전문역량을 갖추어야 한다. 이와 관련하여 기획자로서 문화예술교육 관리자는 학습자들의 수요 및 요구분석, 사업주관기관 및 문화예술교육 프로그램과 연관된 환경분석, 자원분석, 문화예술와 교육영역에 대한 학제적 접근, 사업주관기관 내부의 상황분석, 문화예술교육 프로그램 기획을 위한 마케팅 분석, 교육프로그램 효과분석 등에 대한 전문성을 갖출 필요가 있다. 그리고 기획자로서 문화예술교육 관리자는 학습자와 교육현장에 대한 이해와 실천역량이 있어야 한다. 이를 바탕으로 문화예술교육 관리자는 우수한 문화예술교육 프로그램을 기획하여 학습자에게 다가갈 수 있을 것이다. 사업주관기관의 관리자가 일반 관리자로서의 경영능력이 탁월하다고 하더라도 우수한 문화예술교육 프로그램을 기획하지 못한다면, 성공적으로 문화예술교육 프로그램을 운영할 수 없다고 할 수 있다. 따라서 기획자로서의 문화예술교육 관리자는 무엇보다도 문화예술교육에 대한 전문성을 갖추어야 한다고 볼 수 있다. 그리고 이러한 전문성은 문화예술교육의 가치에 대한 신념과 열정으로 뒷받침되어야 한다.

2) 경영자

사업주관기관의 문화예술교육 관리자는 문화예술교육 프로그램의 기획목적을 달성하기 위하여 자원을 조직화하고, 내부의 조직역량을 효과적으로 활용할 수 있는 역량을 갖추어야 한다. 이와 관련하여 경영자로서 문화예술교육 관리자는 재정경영, 인적자원경영, 지식정보경영, 마케팅 경영역량을 갖추어야 하며, 기획된 문화예술교육 프로그램에 대한 집행역량을 갖추고 있어야 한다. 또한 경영자로서의 문화예술교육 관리자는 우수한 강사와 적합한 학습자를 확보해야 한다. 그리고 경영자로서의 문화예술교육 관리자는 성과관리체계를 구축하고, 교육프로그램의 집행과정에 대한 모니터링과 성과평가를 실시하여 차년도 문화예술교육사업에 환류시킬 수 있는 성과지향적 경영체계에 대한 인식이 있어야 한다.

3) 혁신자

문화예술교육 관리자는 환경조직과의 협력네트워크를 구축하고, 문화예술교육 프로그램을 둘러싼 다양한 이해관계를 조정하여 상호 협력기반의 창의적인 문화예술교육 환경을 만들어나가는 혁신자(innovator) 역할을 수행해야 한다.

첫째, 문화예술교육 관리자는 문화관광부와 한국문화예술교육진흥원 등 중앙단위의 지원조직과 지방자치단체, 교육청 등 지역단위의 지원조직 상호간의 이해관계를 조정하고, 소통환경을 구축하여 최종적으로 지역특성에 적합한 문화예술교육 프로그램을 개발하여 추진할 수 있어야 한다.

둘째, 문화예술교육 관리자는 관련 조직들과의 파트너십 및 협력네트워크를 구축하여 문화예술교육 프로그램을 운영하는 데 필요한 자원을 확보하여, 사업주관기관이 자체 확보하고 있는 자원의 제약을 극복하고, 교육과정의 효과성을 증진할 수 있어야 한다.

셋째, 문화예술교육 관리자는 현재의 학습자 및 잠재적인 학습자와 관련된 조직들과의 연계를 지속적으로 강화하여 학습자를 축으로 한 파트너십과 네트워크를 형성, 관리할 필요가 있다.

2. 문화예술교육 관리자의 파트너십 구축활동

문화예술교육 프로그램의 파트너십을 구축하여 이를 지속적으로 발전시키기 위해서 문화예술교육 관리자는 다음 몇 가지 역할을 체계적으로 수행할 필요가 있다.

1) 파트너십 구축을 위한 운영체계를 갖춘다

문화예술교육 관리자는 파트너십을 형성하는 목적을 명확하게 이해하고, 이를 바탕으로 목적을 달성하는 데 효과적인 구조와 과정을 설계해야 한다. 문화예술교육 관리자는 파트너들과 협의하여 공식적인 회의, 설명회, 워크숍 일정을 결정하고, 필요한 경우에는 문화예술교육 파트너십 협의체를 구성하고 운영한다.

2) 파트너십 참여자들간의 이해관계를 조정하여 협력관계를 구축한다

문화예술교육 관리자는 파트너십 참여자들간의 관계구조에 대한 분석을 바탕으로 사업주관기관이 추진하고자 하는 문화예술교육 프로그램을 기획, 운영, 평가하는 과정에서 다양한 이해관계를 가진 행위자들과의 관계를 구체적으로 설정할 필요가 있다. 파트너십 참여자들간의 관계는 크게 신뢰관계, 갈등관계, 전혀 교류가 없는 관계 등으로 구분할 수 있다. 문화예술교육 관리자는 이러한 관련 행위자들의 상호관계에 대한 이해를 바탕으로 문화예술교육 프로그램을 통해서 어떻게 협력관계를 설정할 것인가에 대해 관심을 가져야 한다. 특히 문화예술교육 관리자는 문화예술교육 프로그램을 통해서 파트너십 행위자들의 신뢰관계가 손상되지 않도록 노력해야 한다. 이와 관련하여 문화예술교육 관리자는 개방적인 커뮤니케이션 시스템을 확립하여 상호 소통과 협상을 통해 갈등을 해결하고 협력관계를 지속시켜 나가야 한다.

3) 파트너들과 상호성 기반의 역할분담체계를 명확하고 구체적으로 설정한다

문화예술교육 관리자는 문화예술교육 프로그램에 참여하는 파트너들과의 관계를 일방적으로 협력을 받는 관계보다는 상호성 기반의 협력관계로 발전시킬 필요가 있다. 이러한 상호성 기반의 협력관계가 정립될 때, 지역사회에서 문화예술교육 프로그램을 둘러싼 파트너십이 지속적으로 발전될 수 있을 것이다.

문화예술교육 관리자가 문화예술교육 프로그램에 참여하는 파트너들에게 제시할 수 있는 서비스와 혜택으로는 다음 몇 가지 유형을 고려해 볼 수 있다.

- 파트너로 하여금 사업주관기관이 기획·추진하고 있는 문화예술교육 프로그램에 대한 참여기회를 제공함으로써 파트너의 참여수요를 일정부문 충족시켜 줄 수 있다.
- 학습자와 밀접한 연관을 맺고 있는 파트너들에게는 학습자에게 문화예술교육서비스를 제공함으로써 파트너 단체 및 기관이 추구하고 있는 학습자에 대한 목적을 일정부문 달성시켜 줄 수 있다.
- 사업주관기관은 문화예술교육 프로그램에 관한 파트너십 및 네트워크 체계를 구축함으로써 여기에 참여하는 개별 파트너들에게 네트워크 구축 수요를 일정부문 충족시켜 줄 수 있다.
- 지방자치단체, 교육청 등 지원네트워크를 형성하는 파트너들은 사업주관기관을 통해서 지역주민 및 학생들에게 문화예술교육 서비스를 제공할 수 있다.
- 파트너들은 사업주관기관의 문화예술교육사업에 참여함으로써 여기에 참여하는 관련 단체 및 기관, 전문가들과 문화예술교육에 대한 정보를 교류할 수 있다.

4) 일회성 사업으로 끝나지 않도록 사업의 지속발전비전을 창출하고, 장기적 관점에서 교육프로그램을 운영한다

문화예술교육 관리자는 사업주관기관의 문화예술교육사업이 일회성 사업으로 끝나지 않도록 문화예술교육사업에 대한 중장기 차원의 비전과 전략을 수립할 필요가 있다. 이를 통하여 현재 시점에서 추진하고 있는 문화예술교육사업의 의미와 가치를 전체적인 비전 관점에서 이해할 수 있으며, 미래에 대한 방향성을 가지고 사업을 추진할 수 있다. 이러한 사업의 지속성이 확보될 때, 지역사회의 문화예술교육에 대한 협력네트워크 또한 지속적으로 발전해 나갈 수 있을 것이다.

문화예술교육 관리자가 이러한 역할을 수행하기 위해서는 현재 문화관광부 및 한국문화예술교육진흥원을 중심으로 지원되고 있는 문화예술교육 프로그램 지원체계가 1년 단위로 구성되어 있기에 지속성을 확보하는 일이 쉽지 않다는 것을 분명하게 이해할 필요가 있다. 그러나 다른 한편으로는 학교와 지역사회 연계 문화예술교육사업이나 사회취약계층 문화예술교육사업의 경우와 같이 이 사업에 참여하고 있는 사업주관기관들은 다음 연도에 사업에 신청할 수 있는 기회가 있기 때문에, 전년도에서 사업을 성공적으로 추진하고, 차년도에 대한 사업계획이 우수할 경우, 사업의 지속성을 이어갈 수 있는 여지가 충분하게 있다고 볼 수 있다.

이런 맥락에서 사업주관기관이 문화예술교육사업을 중장기적 관점에서 지속적으로 발전시켜 나기기 위해서는 문화예술교육사업에 대한 성과관리를 전략적으로 추진할 필요가 있다.

5) 파트너십을 둘러싼 지지환경을 조성하고 확대발전시켜야 한다

지역사회에서 문화예술교육 프로그램을 중심축으로 구축된 파트너십과 네트워크 체계를 지속적으로 확대발전시켜 나가기 위해서는 파트너십과 네트워크체계에 참여하고 있는 행위자들의 신뢰뿐 아니라 지역사회 전체로부터 지지를 받도록 노력해야 한다. 이를 바탕으로 지역사회에서 문화예술교육 프로그램을 운영하기 위해서는 파트너십과 네트워크 체계를 구축하는 것이 프로그램의 효과성을 증진하는 데 매우 중요한 요소라는 인식을 행위자들 모두 공유할 필요가 있다. 이러한 인식공유는 신뢰관계를 한층 더 발전시키게 되고, 장기적으로는 문화예술교육 프로그램 운영을 위한 지역사회의 문화로 정착될 수 있다.

14. 문화예술교육 파트너십 성과를 평가하고 차년도 계획에 환류한다

1. 파트너십의 구축과정을 기록한다

파트너십과 네트워크 구축을 위한 사업계획 수립단계에서부터 문화예술교육 프로그램이 완료된 시점과 그 이후까지 파트너십과 네트워크의 구축과정에 대한 상세한 기록을 실시한다.

기록은 파트너십과 네트워크 구축과정에 대한 모니터링 평가와 구축성과에 대한 평가의 준거자료로 활용될 수 있다.

기록은 또한 파트너십과 네트워크에 참여하는 기관 및 단체들과의 인식을 공유하고, 신뢰관계를 형성하는 준거자료로 활용될 수 있다.

기록은 또한 앞으로 파트너십과 네트워크에 대한 발전방안을 수립하고, 이를 추진하는 과정에서도 중요한 준거자료로 활용될 수 있다.

기록은 '문화예술교육 프로그램 파트너십 및 네트워크 기록양식'을 바탕으로 체계적으로 작성한다.

문화예술교육 프로그램 파트너십 및 네트워크 기록양식은 크게 종합적인 기록과 행위자별 기록으로 구분될 수 있다.

1) 종합적인 기록

- 지역의 파트너십 및 네트워크 환경분석
- 자원관련 기관 및 단체분석
- 학습자 관련 기관 및 단체분석
- 파트너십 및 네트워크 구축 사업계획서
- 관련 간담회, 세미나, 각종 회의
- 파트너십 및 네트워크 구축활동 모니터링 분석
- 파트너십 및 네트워크 구축 성과분석
- 향후 발전계획

2) 파트너십 및 네트워크체계에 참여하는 행위자별 기록

- 기관 및 단체의 일반적 현황(설립년도, 설립목적, 고객특성, 주소, 연락처, 조직규모, 조직구조, 대표자 이력, 관련직원의 연락처 등)
- 기관 및 단체의 문화예술교육 활동경력 및 연계성

- 기관 및 단체의 문화예술교육사업 관련자원확보 실태 및 기여도
- 현재시점에서의 기관 및 단체와의 관계실태
- 기관 및 단체의 파트너십 및 네트워크 구축수요분석
- 파트너십 및 네트워크 구축의 가능성과 한계
- 파트너십 및 네트워크 구축을 위한 방문, 개별적인 접촉, 공식적인 회의, 간담회 등
- 기관 및 단체와의 파트너십 협약서
- 기관 및 단체와의 파트너십 모니터링 분석
- 기관 및 단체와의 파트너십 성과분석

2. 파트너십과 네트워크의 성과를 측정하고 성과인식을 공유한다

문화예술교육 프로그램을 추진하는 과정에서 파트너십과 네트워크 구축이 어떤 성과를 나타내고 있는가에 대한 분석을 실시하여 긍정적인 성과와 부정적인 성과에 대해 함께 토의하고, 이를 바탕으로 파트너십과 네트워크 구축성과에 대한 인식을 행위자들 모두 공유할 필요가 있다.

파트너십과 네트워크 성과평가는 크게 모니터링 중심의 과정평가와 산출 및 영향 중심의 사후평가로 구분하여 실시하고, 이와 관련된 간담회를 개최하여 향후 파트너십 및 네트워크의 지속

적 발전전략수립의 자료로 활용한다.

이러한 문화예술교육 프로그램의 파트너십 및 네트워크 성과 평가는 사업주관기관 및 문화예술교육 프로그램의 효과성에 대한 영향뿐 아니라 개별 행위자들에게 미친 영향과 지역사회에 미친 영향을 모두 고려하여 종합적으로 이루어져야 한다. 사업주관기관은 사업주관기관이 주축이 되어 운영하고 있는 문화예술교육 프로그램을 중심으로 구축되고 있는 파트너십 및 네트워크 체계가 장기적으로는 지역사회의 문화협력네트워크로 정착하는 데 중요한 계기를 만들 수 있다는 자부심을 갖고 일할 필요가 있다.

[표 3-4] 오혁진(2003)의 평생교육기관 파트너십 평가사항

- 공동평생교육사업의 목표별 달성도
- 파트너십 구성원들의 이익
  - · 파트너십이 결과적으로 각 기관에 비용절감효과를 가져왔는가?
  - · 파트너십이 학습자집단에 대한 접근을 촉진하였는가?
  - · 파트너십이 구성원기관들 사이에 교육서비스와 기관사명에 대한 인식을 증진시켰는가?
- 파트너십의 과정
  - · 파트너들간의 의사소통이 분명하고 효과적이었는가?
  - · 역할과 책임성들은 분명하게 이해되었는가?
  - · 회의는 생산적이고 가치가 있었는가?
  - · 모든 파트너들은 그들의 책임과 의무를 다했는가?
  - · 파트너십은 어떤 면에서 성공적이었는가?
  - · 파트너십은 어떤 면에서 개선될 필요가 있는가?

3. 성과분석 결과를 환류하여 차년도 사업계획에 반영한다

사업주관기관은 문화예술교육 프로그램의 파트너십 및 네트워크 구축 관련 기록과 성과분석 결과를 바탕으로 차년도 사업계획을 수립하여 파트너십 및 네트워크 발전을 위한 노력을 지속적으로 추진할 필요가 있다. 이 과정에서 사업주관기관은 관련기관 및 단체들과의 소통과 참여를 활성화시키기 위하여 노력할 필요가 있다.

Chap. 4

문화예술교육 정책사업의 성과관리 길라잡이

1 자체 성과관리 및 평가체계의 중요성에 대한 인식을 공유한다
2 목표를 명확하게 설정하고, 목표의 가치와 내용에 대한 인식을 공유한다
3 사전성과지표를 구체화하고 이를 관리한다
4 핵심성공요인(KSF)을 분석하여 사업계획서를 작성하고 관리한다
5 지역특성과 환경 분석을 실시한다
6 자원분석을 실시하고, 자원확보 및 관리전략을 수립하고 실천한다
7 학습자의 특성을 파악하여 경영체계에 반영한다
8 교육프로그램내용과 교육방법의 질적수준 관리체계를 갖춘다
9 파트너십과 네트워크체계를 구축한다
10 인식공유와 신뢰관계기반의 리더십체계와 지지환경을 구축한다
11 사업과정과 성과를 가시화하기 위한 기록관리를 체계화한다
12 자체 성과관리 및 평가시스템을 갖춘다
13 위험분석 및 관리를 통해 문제해결 역량을 갖춘다
14 문화예술교육 프로그램의 성과평가보고서를 작성한다
15 교육프로그램의 최종목표는 교육대상집단의 변화에 있다는 점을 항상 고려한다

1. 자체 성과관리 및 평가체계의 중요성에 대한 인식을 공유한다

1. 정책사업평가의 개념과 의의

사업평가란 사업의 적합성 · 효율성 · 효과성을 측정하고, 성과 및 애로사항을 점검함으로써 향후 사업의 효과성을 증진하기 위한 방안을 모색하는 과정을 의미한다. 사업평가는 통제를 목적으로 진행되는 것이 아니며 사업관계자들간의 상호소통을 활성화하고, 사업의 지속가능성과 향후의 발전방안을 탐색하는 데 초점이 있다. 사업주관기관은 자체 성과관리 및 평가체계를 구축함으로써 문화예술교육 프로그램 전 과정에서 사업목표 관리를 추구할 수 있다.

이러한 사업 성과관리 및 평가작업은 사업이 종료한 시점 이후에 진행되는 것이 아니라 사업기획 단계부터 사업추진과정 전반에 걸쳐 진행된다는 점을 인식할 필요가 있다. 이런 관점에서 사업계획 수립단계에서부터 사업의 성과관리 및 평가 작업을 위한 세부계획을 수립할 필요가 있다.

사업평가는 사업추진단계에 따라 사전평가, 과정평가, 사후평가로 구분된다. 사전평가는 사업타당성평가, 수요분석, 지원대상 예비평가, 사업목적 및 계획서 평가 등을 포함한다. 과정평가는 사업집행과정 전반을 사업목적 및 계획적합도, 불확실성 및 위기

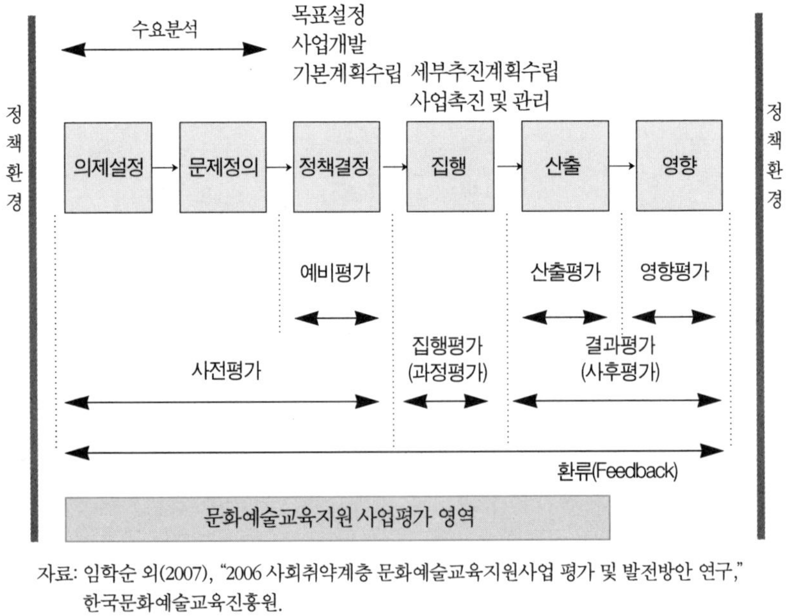

자료: 임학순 외(2007), "2006 사회취약계층 문화예술교육지원사업 평가 및 발전방안 연구," 한국문화예술교육진흥원.

[그림 4-1] 사업추진 과정과 평가영역

관리, 사업추진체계의 전문성, 공정성 등을 중심으로 평가한다. 사후평가는 산출(output), 결과(outcome), 영향(impact)평가로 구분된다.

2. 정책사업 평가의 내용

문화예술교육사업 평가내용은 적합성(relevance)평가, 효율성(effieiency)평가, 효과성(effectiveness)평가, 지속성(sustainability)평가를 중심으로 진행한다.

- 적합성 평가는 사업목표와 방향평가, 사업전략 및 수단평가
- 효율성 평가는 투입(input) 대비 산출(output)평가, 과정평가
- 효과성 평가는 사업목적의 달성도평가, 정책성과(outcome) 평가, 파급효과평가
- 지속성평가는 정책사업의 지속가능성평가
- 평가결과는 환류(feedback) 체계를 통해 다음 사업추진체계에 반영

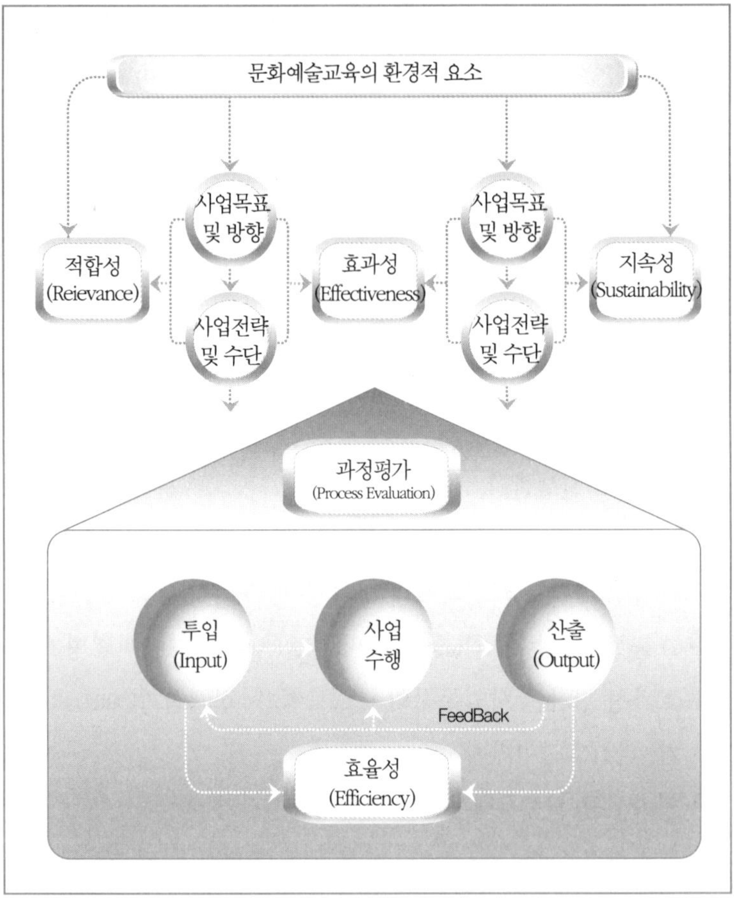

자료: 임학순 외(2007), "2006 사회취약계층 문화예술교육지원사업 평가 및 발전방안 연구," 한국문화예술교육진흥원.

[그림 4-2] 문화예술사업평가 일반모델

문화예술교육평가모델 사례: 영국 Creative Partnerships의 평가모델

Creative Partnerships의 평가과정은 변화를 가져온 사업의 성과와 영향에 관한 정보를 수집 · 분석하여 평가하는 것에 초점을 두고 있다. 이러한 프로젝트의 영향을 평가하기 위하여 강사 및 전문가들의 인식과 판단을 활용한다. Creative Partnerships은 과정중심의 평가를 위하여 투입, 실행, 산출, 성찰 등 네 단계를 중심으로 평가지표를 개발하여 평가를 실시하고 있다.

[표 4-1] Creative Partnerships 평가모델

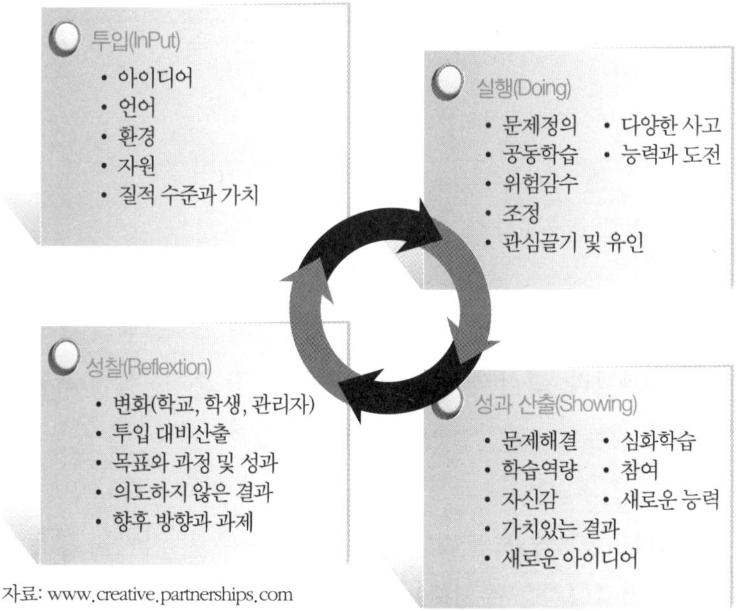

자료: www.creative.partnerships.com

2. 목표를 명확하게 설정하고, 목표의 가치와 내용에 대한 인식을 공유한다

1. 문화예술교육사업 목표의 중요성

문화예술교육사업의 목표는 문화예술교육 프로그램의 운영과정과 성과관리, 그리고 사업성과 평가업무를 수행하는데 작용하는 가장 핵심적인 준거지표이다.

- 문화예술교육 프로그램 추진체계를 갖추고, 자원을 활용하여 프로그램을 운영하는 것은 문화예술교육사업의 목표를 달성하기 위한 것이다.
- 문화예술교육 프로그램의 성과점검을 위한 프로그램 모니터링시스템은 문화예술교육사업의 목표와 프로그램 운영과정

의 적합성을 살펴보는 것이다.

- 문화예술교육 프로그램의 사업성과를 평가하는 일은 사업목표를 어느 정도 달성했는가 하는 점을 평가하는 것이다.

[그림 4-3]은 조직목표에 대한 시스템적 시각을 나타낸 것이다.[1]

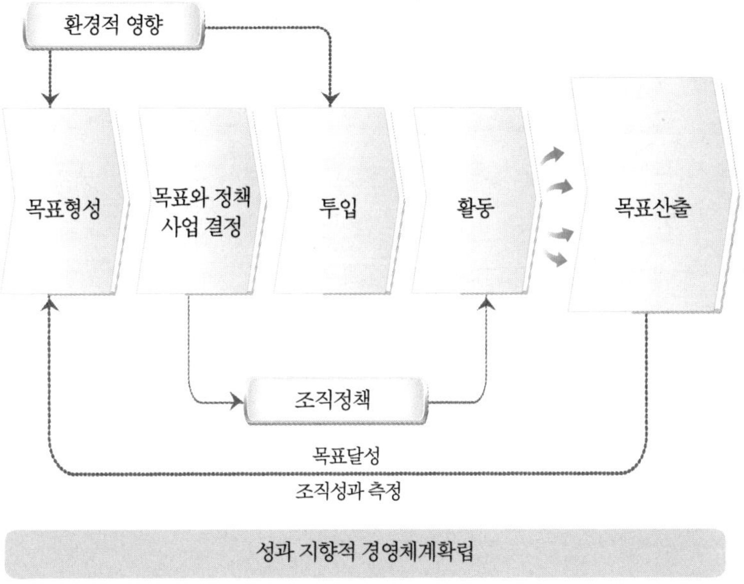

[그림 4-3] 목표관리체계도

1 Mullins L.J.(1999), *Management and Organisational Behaviour,* Financial Times, p.124.

2. 목표인식 공유

문화예술교육사업을 성공적으로 추진하기 위해서는 무엇보다도 목표설정의 중요성과목표의 내용에 대한 인식을 사업 참여자들 모두 공유할 필요가 있다.

- 목표설정 작업은 사업주관기관의 담당자뿐 아니라 전문가, 사업 참여기관의 담당자, 지역의 사회문화단체 관계자 등의 참여를 바탕으로 추진한다.
- 문화예술교육 프로그램의 목표가 지역사회 및 교육대상자에게 갖고 있는 사회문화적 의미를 파악함으로써 목표의 가치에 대한 인식을 공유할 필요가 있다.
- 목표과정에 대한 참여는 목표에 대한 인식을 높이고, 사업추진과정에서 목표와의 연계성을 고려하게 할 수 있다.
- 이러한 참여와 인식공유를 바탕으로 목표와 수단의 전도현상을 방지할 수 있으며, 프로그램 운영의 형식주의를 극복할 수 있다.

3. 목표의 명확성과 성과관리

문화예술교육사업의 목표가 명확하고 구체적일수록 사업관리와 성과관리가 체계적으로 이루어질 수 있다.

- 일반적으로 문화예술교육사업의 목표는 추상적인 경우가 많기 때문에 명확하게 설정하는 데 한계가 있지만, 제한된 여건에서라도 사업목표를 명확하고 구체적으로 설정하기 위한 작업이 지속적으로 이루어질 때, 사업목표에 대한 구성원들의 인식을 제고할 수 있으며, 사업성과 관리가 체계적으로 이루어질 수 있다.
- 문화예술교육사업의 목표를 명확하고 구체적으로 설정하기 위해서는 무엇보다도 교육프로그램의 특성을 분석해야 하며, 교육프로그램이 적용되는 교육대상집단의 특성을 분석해야 한다.
- 교육프로그램에 대한 특성분석을 통하여 교육프로그램의 목적을 체험기회를 증진하는 데 둘 것인지, 치료목적에 둘 것인지, 창작경험을 제공하는 데 둘 것인지, 사회성을 증진하는 데 둘 것인지, 창의성을 함양하는 데 둘 것인지에 대하여 명확하게 설정할 필요가 있다.
- 교육대상집단의 특성과 문화예술교육 수요를 분석하고, 교육프로그램의 특성을 고려하여 교육프로그램을 통하여 달성하고자 하는 목적을 명확하게 설정한다.
- 교육대상집단의 특성을 고려하여 달성하고자 하는 목표수준을 조정한다.
- 학교학생인 경우, 문화예술의 기법을 전수하는 수준보다는 통합교육의 차원에서 학생들의 창의성과 문화적 감수성, 그리고 자기표현과 사회성을 함양하는 차원에서 접근한다.

3. 사전성과지표를 구체화하고 이를 관리한다

1. 사전성과지표의 의의

사전성과지표는 사업계획서를 작성할 때, 사업을 통하여 달성하고자 하는 바람직한 목표수준을 미리 예측하여 지표로 나타낸 것을 의미하는 것으로 사업목표와 성과를 구체적이고 명확하게 표현하는 준거지표로 활용된다.

2. 목표체계도 작성

• 사전성과지표를 설정하기 위해서는 상위목표와 하위목표의 연

쇄관계를 파악하기 위한 목표체계도를 작성할 필요가 있다.

- 목표체계를 파악함으로서 목표의 추상성 수준을 구체적인 수준으로 재구성 할 수 있다.

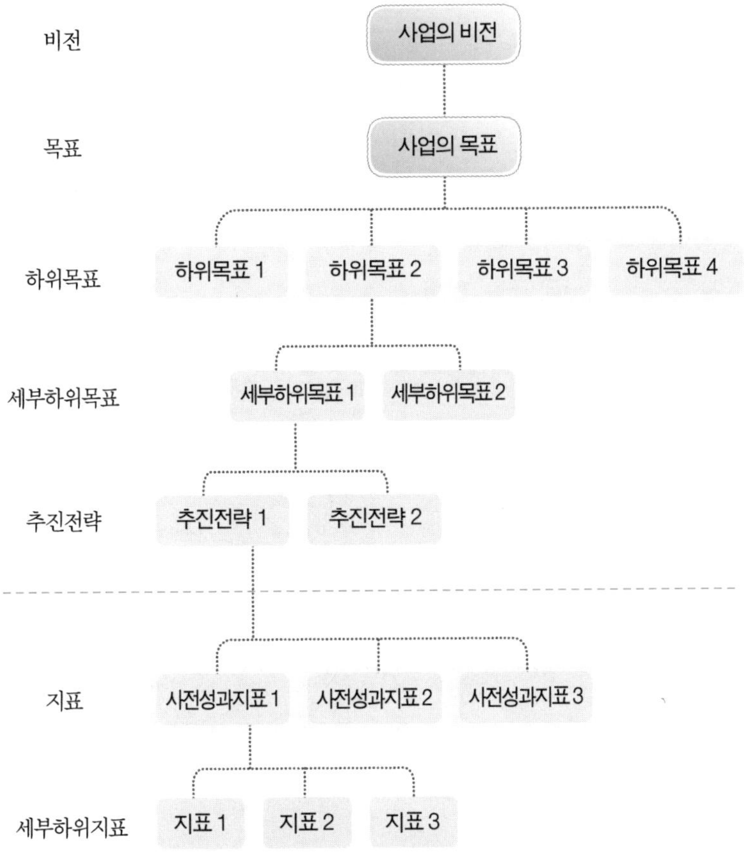

자료: 문화관광부(2006),『학교-지역사회 연계 문화예술교육 시범사업 평가 및 발전방안 연구』, p.17.

[그림 4-4] 사업목표체계도의 작성구조

[표 4-2] 초등학교 3학년 학생을 대상으로 연극교육 프로그램을 운영할 경우의 목표체계

목표	하위목표	성과지표
학생들의 연극창작체험	연극인식제고 연극 창작프로그램 참여	• 연극이해수준: 중급 • 연극공연 관람체험 건수 • 연극창작프로젝트 완성 • 연극창작 프로젝트 발표회 1회

3. 사전성과지표와 추진체계

사전성과지표는 달성하고자 하는 사업목표뿐 아니라 추진체계 차원에서도 설정할 수 있다.

[표 4-3] 추진체계 성과지표 예시

항 목	내 용
사업참여자수 규모	총 20명
사업참여 강사수	전임강사 5명/보조강사 5명
홍보마케팅	학술세미나 1회, 사업설명회 1회, 방송신문 활용 1회
네트워크	강사워크숍 3회, 학교 등 교육기관과의 간담회 2회
학생수업만족도	70점
학교문화예술교육사업에 대한 인식개선	5점 척도에서 4점 정도

4. 사전성과지표의 단계적 설정

사전성과지표는 또한 사업추진결과 및 파급효과를 고려하여 단기성과, 중기성과, 장기성과로 구분하여 설정할 수 있다.

- 정책산출(policy outputs)은 사업계획 수행결과로 나타난 1차 성과물로 단기 사업목표의 달성도를 나타낸다.
- 정책결과(policy outcomes)는 사업추진결과가 교육대상과 지역의 문화예술교육에 미친 영향을 나타내는 것으로 사업의 1차적 영향에 관한 것이다.
- 정책영향(policy impacts)은 사업추진결과의 장기적 파급효과에 관한 것이다.

5. 사전성과지표 설정의 현실성

사전성과지표는 실현가능성에 대한 분석을 바탕으로 현실성 있게 설정되어야 한다. 이를 위해서는 내부조직역량, 외부환경변화, 그리고 문화예술교육 프로그램의 특성에 대한 객관적인 분석 작업이 선행되어야 한다.

4. 핵심성공요인(KSF)을 분석하여 사업계획서를 작성하고 관리한다

문화예술교육 프로그램을 성공적으로 운영하는 데 갖추어야 할 요인들은 무엇인지에 대해 분석한다.

프로젝트 관리는 주어진 시간적 · 예산적 제약여건에서 특정목적을 달성하기 위하여 자원을 분배하고, 집행하고, 활용하는 것을 의미한다. 이런 의미에서 프로젝트 관리자는 프로젝트 업무를 기획하고, 계획을 수립하는 업무를 맡고 있을 뿐 아니라 프로젝트 집행관리를 담당한다.

이러한 성공요인들에 대해서는 사업과정에 걸쳐 지속적으로 점검한다.

5. 지역특성과 환경 분석을 실시한다

1. 지역특성 분석

① 지역의 문화예술교육 수요와 교육대상집단의 특성을 파악하고, 문화예술교육 프로그램을 운영할 수 있는 기관 및 단체의 특성을 분석한다.

- 지역의 문화예술교육 수요를 파악하여 문화예술교육 프로그램을 개발한다.
- 지역의 인구학적 특성을 고려하여 누가 교육대상집단에 포함되는지에 대해 명확하게 분석한다.

② 도시와 농촌, 대도시와 중소도시, 문화지역과 문화소외지역 등 지역별 사회문화적 · 경제적 특성을 분석한다.

③ 지역의 사회경제적 특성을 파악하여 교육대상집단의 특성을 파악하고, 이를 바탕으로 적절한 교육프로그램을 개발한다.

☞ 이와 관련하여 지역의 교육환경, 사회복지환경, 인구학적 특성에 대한 자료를 수집 · 분석한다.

④ 문화예술교육사업의 네트워크 구축전략은 지역특성에 따라서 다르기 때문에, 지역의 문화예술교육 환경, 문화예술교육 관련단체와 기관, 문화예술교육 관련자원, 문화예술교육수요 등에 대한 분석을 실시한다.

⑤ 지방자치단체 및 공공기관, 지역주민, 문화예술교육 프로그램을 운영하고 있는 단체와 기관, 연관단체와 기관 등의 종사자들을 대상으로 문화예술교육 네트워크 수요와 인식 및 방향 등에 대한 조사를 실시하여, 그 결과를 네트워크 구축전략 수립과 추진과정에 활용한다.

2. 문화환경 분석

① 문화예술교육사업과 밀접한 관계를 지니고 있는 문화환경

에 대한 분석을 실시하여 문화예술교육 프로그램의 기획 및 운영 과정에 반영한다.

② 문화환경 분석에서 고려되어야 할 요소는 다음과 같다.

- 문화예술교육 프로그램 실태
- 지역의 문화예술교육 관련단체 실태
- 문화예술교육 프로그램 기획 소재로 활용가능한 문화자원
- 문화예술분야 전문인력
- 문화공간과 시설현황 및 운영실태
- 지역주민의 문화수요 및 문화활동실태
- 지역의 차별적인 문화환경 특성
- 지방자치단체의 문화정책

③ 지역의 문화예술교육 프로그램에 대한 분석은 사업주관기관의 문화예술교육 프로그램과의 차별성과 연계성 차원에서 실시한다.

④ 지역의 문화예술교육 프로그램은 공공부문과 민간부문을 포함하여 다양한 단체 및 기관에서 다양한 내용과 방법으로 이루어지고 있다. 문화예술단체, 지방문화원, 문화의 집, 사회복지시설, 청소년시설, 공공도서관, 주민자치센터, 여성회관, 노인회관 등 다양한 단체와 기관에서 문화예술교육 프로그램이 운영되고 있다. 사업주관기관이 공공지원으로 개발하고 있는 문화예술교

육 프로그램은 이러한 다양한 교육프로그램 중의 한 형태라고 할 수 있다.

⑤ 사업주관기관은 지역의 다양한 문화예술교육 프로그램 현황을 파악하여 사업주관기관에서 실시하고자 하는 문화예술교육 프로그램의 기획 및 운영과정에 어떻게 연계할 수 있는지에 대해 살펴볼 필요가 있다. 이러한 차별성과 연계성을 파악하기 위해서는 지역의 문화예술교육 프로그램에 대해 운영조직, 강사인력, 교육내용, 교육대상, 교육방법 등에 관한 조사가 필요하다.

⑥ 지역의 문화예술교육 관련단체에 대한 조사는 예술단체, 문화기획단체, 학습자 관련단체 등으로 구분한다. 예술단체는 예술의 창작활동과 연관된 다양한 문화예술단체를 의미하며, 문화기획단체는 예술과 문화 전반에 대해 프로그램을 기획하고 실천하는 단체를 의미한다. 그리고 학습자 관련단체는 문화예술교육대상집단과 연관된 단체로서 학교, 사회복지시설, 지역아동센터, 노인복지회관, 장애자복지회관, 여성회관, 청소년시설, 해외이주민 관련단체, 새터민 관련단체 등을 의미한다. 개별 단체에 대해서는 단체명, 설립목적, 주요 사업, 주요 고객, 연락처, 담당자 등을 중심으로 조사한다.

⑦ 지역 문화자원을 중심으로 문화예술교육 프로그램의 기획소재로 활용될 수 있는지에 대한 가능성과 한계에 대해 조사할

필요가 있다.

⑧ 사업주관기관이 신규사업으로 문화예술교육 프로그램을 기획할 경우, 교육프로그램에 활용할 문화예술의 형식과 장르를 무엇으로 설정할 것인가에 대해 고려할 필요가 있다. 이와 관련하여 사업주관기관은 일차적으로 지역에 특화되어 기반이 구축된 문화자원이 무엇인가를 탐색할 필요가 있다. 지역에 정착한 문화예술축제도 문화예술교육의 기획소재로 활용될 수 있다. 지역에 특화된 전통문화 중에서도 이를 전수 · 발전시키고 있는 전통문화단체가 있는 경우, 문화예술교육 프로그램의 기획소재로 활용될 수 있다. 또한 지역에 특화된 문화공간이나 예술단체도 문화예술교육 프로그램의 기획소재로 활용될 수 있다. 이것은 지역의 문화예술교육 경험과 기반이 취약한 상황에서 지역의 경쟁력 있는 문화자원을 활용함으로써 문화예술교육사업의 효과성을 증진할 수 있다는 인식을 바탕으로 한 전략적 접근이라고 할 수 있다.

3. 문화예술교육분야의 전문인력

문화예술교육분야에서 활동할 수 있는 전문인력을 파악하기 위해서는 다음 몇 가지 사항을 고려할 필요가 있다.

첫째, 문화예술 분야의 인력에 관한 기존의 자료를 활용한다.

둘째, 문화예술 분야의 관련단체 및 기관, 그리고 관련전문가들과의 간담회를 활용하여 지역의 문화예술교육 관련인력현황에 대해 논의한다.

셋째, 사업주관기관에서 기획한 특정 문화예술교육 프로그램에 적합한 인력에 대해 공개채용 또는 관련 전문단체로부터의 추천 등의 방법을 활용하여 우수한 인력을 확보하기 위해 노력한다.

넷째, 잠재학습자들과 연관된 단체 및 기관에서 근무하는 종사자 중 문화예술교육분야에 관심이 많은 인력들에 대해 알아본다.

4. 문화공간과 시설현황 및 운영실태

지역문화공간은 문화예술교육 관점에서 다음 두 가지 의미를 지니고 있다.

첫째, 지역문화공간은 문화예술교육 프로그램을 운영하는 조직 중의 하나이다. 문화의 집, 지방문화원, 공공도서관, 문화예술회관, 주민자치센터, 미술관, 박물관 등은 지역주민들을 위한 문화예술교육 프로그램을 기획하여 추진하는 경우가 많다.

둘째, 지역문화공간은 문화예술교육 활동이 이루어지는 공간으로서 강사와 학습자들에게 교육과정에 필요한 시설과 공간 및 기자재 등을 제공할 수 있다. 이런 의미에서 지역문화공간이 사업주관기관이 아닌 경우에도 지역의 문화공간을 교육과정에 활용할 수 있다.

5. 지역주민의 문화수요 및 문화활동실태

지역주민들의 문화수요와 문화생활수준은 지역에 따라, 대상집단에 따라 다양하게 나타날 수 있다. 문화예술교육 프로그램은 지역주민의 다양한 문화활동유형 중의 하나이다. 이러한 지역주민들의 문화수요와 문화활동실태를 파악하기 위해서는 기존의 자료를 활용하거나 관련단체 및 기관의 종사자, 관련전문가들과의 간담회 등 간접적인 방법을 활용할 수 있으며, 필요한 경우 지역주민들을 대상으로 문화수요 조사를 실시할 수도 있다.

6. 지역의 차별적인 문화환경 특성

사업주관기관은 문화예술교육 프로그램 기획과정에서 지역에 정착되어 있는 문화환경 기반을 활용할 수 있다. 사업주관기관은 다른 지역과는 차별적인 지역만의 독특한 문화자원을 활용하여 교육프로그램을 기획 · 개발할 경우, 그 자체로 새로운 문화예술교육 프로그램 운영모델을 개발할 수 있다는 점에서 의미가 있을 뿐 아니라 이미 정착되어 있는 문화기반을 활용할 수 있다는 점에서 보다 효율적으로 교육사업을 추진할 수 있다는 점에서 의미가 있다.

7. 지방자치단체의 문화정책을 분석하여 문화예술교육정책의 위상과 실태를 파악한다

우리나라 문화정책의 역사에 있어서 지역문화에 대한 정책적 관심은 해방 이후 1980년대 중반까지는 전통문화와 문화유산에 한정되었으나, 1980년대 중반부터 이른바 '지역문화의 활성화' 사업이 추진되면서 문화시설 건립 등 지역주민의 문화생활로 확대되었다. 그리고 1995년에 지방자치가 본격적으로 실시되면서 문화가 지역을 활성화하는 데 있어서 중요한 자원이라는 인식이 확산되기 시작하였다. 이와 함께 지역주민의 문화복지를 위한 프로그램이 증가하여 왔다(임학순, 2003, 248~257).

문화예술교육 프로그램은 이러한 지역주민의 문화복지 정책을 실현하는 중요한 요소로 고려되어 왔다. 지방자치단체는 문화예술교육 관련정책사업을 자체 사업으로 추진하기도 하고, 문화관광부 등 중앙정부와의 공동협력사업으로 추진하기도 한다. 특히 문화예술교육 프로그램은 민간시장부문에서 공급하는 데 한계가 많기 때문에, 공공부문의 지원을 필요로 하는 경우가 많다. 이러한 의미에서 사업주관기관은 지방자치단체의 문화정책을 이해하고, 문화예술교육정책에 대한 지방자치단체의 정책적 관심을 파악할 필요가 있다.

8. 문화예술교육환경과 내부역량에 대한 SWOT분석을 실시한다

사업주관기관의 경영자는 문화예술교육 프로그램은 기획 · 개발하여 운영하는 경우에는 사업주관기관을 둘러싼 대외 환경과 내부역량을 분석하여 사업주관기관의 경쟁력을 진단하고, 이를 바탕으로 이에 적합한 문화예술교육 프로그램을 기획, 운영할 필요가 있다. SWOT(Strong, Weak, Opportunity, Threat)는 사업주관기관이 조직환경과 자체역량을 파악할 수 있는 방법론이다. 사업주관기관은 자체역량을 평가하여 강점이 무엇이고, 약점이 무엇인지를 명확하게 인식할 필요가 있다. 이러한 강점과 약점을 평가하는 기준 중의 하나로 자원확보의 강점과 약점을 분석하는 방법을 들 수 있다. 그리고 문화예술교육 프로그램을 주관하는 사업주관기관의 파트너십과 네트워크 역량, 전문성 수준 등도 이러한 강점과 약점을 평가하는 데 있어서 중요한 기준으로 작용할 수 있다.

또한 사업주관기관은 환경분석을 통하여 사업주관기관의 문화예술교육 프로그램 환경이 갖고 있는 기회요인과 위협요인을 진단할 필요가 있다.

사업주관기관은 문화예술교육 환경과 내부역량을 SWOT방식으로 진단하여 문화예술교육 프로그램의 비전과 구체적인 목표를 수립하고, 이러한 목표를 달성하기 위한 구체적인 방법과 수단을 모색한다. 또한 이러한 SWOT분석은 사업주관기관이 문화예술교육 프로그램을 수행하는 데 있어서 한계요인이 무엇인지를 알게

해주기 때문에, 이러한 한계요인을 앞으로 어떻게 대응할 것인가에 대한 전략을 수립하는 계기를 만들어주게 된다.

[표 4-4] SWOT분석

Strong 강점	Weak 약점
Opportunity 기회요인	Threat 위협요인

6. 자원분석을 실시하고, 자원확보 및 관리전략을 수립하고 실천한다

1. 자원 확보계획 수립

문화예술교육 프로그램을 운영하는 데 필요한 주요 자원(resource)으로는 재정, 인력, 지식과 정보, 시설과 기자재, 행정지원, 학습자 등을 들 수 있다. 문화예술교육 프로그램이 성공적으로 운영되기 위해서는 이러한 자원들이 어느 정도 필요하고, 실제 어느 정도 확보할 수 있는지에 대해 분석할 필요가 있다. 문화예술교육 프로그램 운영에 관한 파트너십과 네트워크도 자원을 중심으로 형성되는 경우가 많기 때문에, 네트워크 체계를 구축하기 위해서는 문화예술교육 프로그램을 운영하는 데 필요한 자원에 대해 이해할 필요가 있다. 또한 사업주관기관은 문화예술교육

프로그램 운영기관의 환경조직 중 이러한 자원을 갖고 있거나 연관되어 있는 조직들은 누구인지에 대해 살펴볼 필요가 있다.

2. 자원별 분석

1) 재정자원

재정은 문화예술교육 프로그램을 운영하는 데 있어서 가장 핵심적인 자원으로 사업기획 단계에서부터 고려되어야 할 요소라고 할 수 있다. 문화예술교육 프로그램의 주요재원으로는 사업주관기관의 자체재정뿐 아니라 지방자치단체의 재정, 교육청의 재정, 문화관광부 등 국고예산, 복권기금 등 다양하다. 사업주관기관이 문화관광부와 한국문화예술교육진흥원의 문화예술교육사업에 참여하기 위해서는 사전에 지방자치단체 등과 협의하여 문화예술교육 프로그램 운영재정 중 일정부문에 대한 재정확보계획을 수립할 필요가 있다. 문화관광부와 한국문화예술교육진흥원의 문화예술교육사업은 교육프로그램 운영재정의 일부만을 사업주관기관에 지원하는 경우가 많기 때문이다. 그리고 사회취약계층 문화예술교육사업과 학교와 지역사회 연계 문화예술교육사업의 경우, 공공재정에 대한 의존도가 높을 수밖에 없기 때문에, 민간부문으로부터의 재정을 확보하기는 어렵다고 할 수 있다.

2) 인적자원

인적자원은 문화예술교육 프로그램 관리자와 강사, 그리고 매개자 인력 및 자원봉사자 등 관련인력으로 구분하여 살펴볼 수 있다. 사업주관기관이 문화예술교육 프로그램을 성공적으로 운영하기 위해서는 재정지원뿐 아니라 프로그램을 관리하고 집행하는 인적자원의 질적 수준을 확보할 필요가 있다.

교육프로그램 관리자(arts education manager)는 교육프로그램을 개발하고, 운영하며, 평가하는 인력을 의미한다. 이러한 예술교육관리자는 환경분석, 자원관리, 교육프로그램 기획 및 개발, 파트너십 구축, 성과평가 및 관리 등의 제반 업무를 담당하는 인력으로 사업주관기관에서 근무하는 인력들이 모두 여기에 해당한다. 교육프로그램 관리자는 문화관광부, 한국문화예술교육진흥원, 지방자치단체 등 문화예술교육 지원기관들과 지역사회의 학습자들을 매개하는 역할을 담당하고 있다.

이러한 사업주관기관의 직원들은 특정 문화예술교육 프로그램뿐 아니라 사업주관기관의 일반업무에 이르기까지 업무영역이 다양하다고 볼 수 있다. 실제로 문화예술교육 프로그램에 참여하는 조직들은 문화예술교육 전문 기관인 경우 뿐 아니라 일반문화예술단체, 문화예술공간, 문화예술진흥기관 등 다양하기 때문이다. 또한 교육프로그램의 특성에 따라 사업주관기관의 자체인력으로 충당하기 어려운 업무에 대해서는 외부의 전문가 및 단체들이 교육프로그램 운영과정에 참여할 수 있다. 문화예술교육 사업주관기관들은 이러한 직원들의 전문성을 향상시키기 위한 교육훈련프로그램을 자체 실시 또는 공공부문의 문화예술교육 연수프로그램에 참여시키는 방법 등을 적극적으로 고려할 필요가 있다.

문화예술교육 강사는 사업주관기관의 교육프로그램 운영목적에 따라 실제 교육프로그램을 학습자에게 제공하는 역할을 담당한다. 이러한 의미에서 문화예술교육강사는 사업주관기관과 학습자를 매개하는 역할을 담당한다. 사업주관기관은 문화예술교육 프로그램의 특성을 고려하여 자체적으로 확보하고 있는 강사인력과 외부의 강사인력을 활용하여 문화예술교육 프로그램을 운영하고 있다. 사업주관기관이 문화예술교육 프로그램의 학습효과를 증진하기 위해서는 교육프로그램의 특성과 학습자의 특성을 고려하여 적합한 강사를 선정해야 할 것이다.

이러한 강사를 선정하기 위해서는 강사의 문화예술교육 참여경력, 강사의 문화예술교육 관련연수 참여경력, 강사의 문화예술전문성, 강사의 사회적 소통역량 등을 종합적으로 고려해야 할 것이다. 그러나 우리나라 지역여건에서 우수한 강사를 확보하는 일은 쉽지 않다. 이런 맥락에서 사업주관기관은 자체 확보한 강사들의 예술교육 전문성을 향상시키기 위한 노력을 지속적으로 추진해야 할 뿐 아니라 관련단체 및 한국문화예술교육진흥원 등과의 지속적인 협의를 통해 우수한 강사를 확보하기 위한 노력을 해야 할 것이다.

한편 학교교사, 장애인복지관 종사자, 사회복지기관 종사자 등 학습자와 관련된 단체 및 기관의 직원도 문화예술교육 프로그램을 성공적으로 운영하는 데 있어서 매우 중요한 인적자원이다. 이들은 교육대상인 학습자의 특성에 대해서 잘 알고 있기 때문에 강사에게 교육프로그램을 운영하는 데 필요한 지식과 정보를 제공할 수 있다. 또한 이들은 문화예술교육 프로그램의 학습자를 모집 · 선정하는 과정에서도 중요한 거점으로 활용될 수 있다. 그리고 이들은 문화예술교육단체와 학교 및 사회복지기관을 연계하는 협력자로서의 역할을 수행할 수 있다.

3) 지식과 정보자원

지식과 정보자원은 사업주관기관이 문화예술교육 프로그램을 운영하는 데 필요한 정보, 경험, 노하우, 자료 등을 의미한다. 문화예술교육 사업이 다양화 · 전문화됨에 따라 지식과 정보수요 또한 다양화 · 전문화되고 있다. 특히 사회취약계층을 대상으로 한 문화예술교육사업의 경우와 같이 아직 학습자의 특성에 적합한 맞춤형 교육과정 모델이 이론적으로 정립되어 있지 않기 때문에, 문화예술교육과정에 대한 지식정보 수요가 한층 커지고 있다. 문화관광부와 한국문화예술교육진흥원이 2005년부터 역점사업으로 추진하고 있는 학교와 지역사회 연계사업이나 사회취약계층 문화예술교육사업은 앞으로 이론적 기반을 견고하게 다져 나가야 할 것이다.

문화예술교육사업을 운영하는 데 필요한 지식정보의 유형을 살펴보면 다음과 같다.

[표 4-5] 문화예술교육 지식정보의 유형

문화예술교육 프로그램 기획정보	지역특성정보, 문화예술교육 환경정보, 문화예술교육정책정보, 우수교육프로그램 운영정보 등
자원정보	재정정보, 인력정보, 강사정보, 지식관리시스템정보, 시설 및 기자재정보
학습자 정보	학습자 특성정보, 학습자 문화예술교육 수요정보, 학습자관련단체 및 기관정보
교육내용 및 교육방법 정보	교육내용정보, 교육방법정보, 학습효과 측정 정보, 문화예술교육 이론 및 연구정보
교육프로그램 운영정보	파트너십 구축정보, 프로그램 경영정보, 마케팅방법론정보, 교육프로그램 모니터링 및 평가정보, 리더십정보

4) 시설과 기자재자원

시설과 기자재 자원은 문화예술교육 프로그램을 운영하는 데 필요한 시설과 기자재로 교육프로그램의 특성에 따라 그 유형이 다양하다. 교육활동을 하기 위한 시설과 기자재로는 강의시설, 교육기자재, 편의시설 등이 있다. 사업주관기관의 시설과 기자재 확보 정도는 사업주관기관에 따라 다양하다. 사업주관기관이 관련 시설과 기자재를 갖추고 있지 않은 경우에는 이러한 시설과 기자재를 갖추고 있는 조직과의 협력관계를 구축하여 시설과 기자재를 활용하는 방안을 마련할 필요가 있다.

5) 행정지원 자원

행정지원 자원은 사업주관기관이 교육프로그램을 운영하는 데 있어서 정부 등 공공기관으로부터 받는 자원 및 협력관계를 의미한다. 사업주관기관은 교육프로그램을 기획하기 위한 환경분석 단계에서부터 교육프로그램 기획, 집행, 평가에 이르는 전 과정에서 지방자치단체, 교육청, 문화관광부, 한국문화예술교육진흥원 등의 지원과 협력을 필요로 한다. 이러한 정부 및 공공기관은 사업주관기관에 문화예술교육 프로그램 제공, 재정지원, 파트너십 및 네트워크 구축의 연계역할, 교육프로그램 실천을 위한 대상자 선정, 지식정보 제공 등의 지원역할을 수행하고 있다. 사업주관기관들은 이러한 정부 및 공공기관과의 지원 및 협력네트워크 체계를 구축하여 문화예술교육사업을 지속적으로 추진할 수 있는 기반을 조성할 필요가 있다.

이와 같이 사업주관기관이 외부환경조직과의 지원 및 협력네트워크를 구축하는 일은 정부 등 공공기관뿐 아니라 지역의 문화예술교육 관련단체, 사회복지단체 등 민간비영리단체 및 기관들과의 관계에서도 매우 중요하다. 파트너십과 네트워크 구축능력은 사업주관기관의 역량을 가늠하는 중요한 척도로서 문화예술교육 사업을 효과적으로 추진하는 데 있어서 매우 중요한 자원이기 때문이다.

3. 자원조직화 전략수립

문화예술교육 프로그램을 운영하는 데 필요한 자원을 확보하기 위한 계획을 수립하기 위해서는 사업주관기관의 자원확보실태와 확보역량을 평가하고, 관련 자원을 확보하고 있는 외부환경조직에 대한 조사를 실시한다. 이를 바탕으로 사업주관기관은 외부환경조직으로부터 자원을 확보하기 위한 전략을 수립하여 외부환경 조직들과의 인식공유 및 협력관계를 형성하여 단계적으로 자원을 확보한다. 이러한 자원들은 문화예술교육 프로그램의 기획 및 운영과정에 적절하게 투입되어 효과적으로 집행될 필요가 있다. 사업주관기관별로 자원확보 정도와 자원수요가 차이가 있기 때문에, 자원의 조직화 전략은 사업주관기관별로 다를 수밖에 없다.

4. 위기관리(risk management) 체계구축

프로젝트에 관한 계획을 수립하는 과정에서 핵심위기가 무엇인지를 파악하고, 이러한 위기상황이 발생하지 않도록 하기 위한 계획을 수립하고, 이러한 위기가 발생할 경우, 위기로 인한 부정적인 효과를 최소화시킬 수 있는 방법을 개발할 필요가 있다.

문화예술교육 프로그램을 운영하는 과정에서 발생하는 위기는 대부분 자원을 확보하지 못하는 경우에 나타나기 때문에, 자원관리계획을 수립할 때 위기관리계획을 수립하여 신축적으로 대응할 필요가 있다.

7. 학습자의 특성을 파악하여 경영체계에 반영한다

1. 학습자 수요기반의 문화예술교육 프로그램 개발

문화예술교육 프로그램을 수행하는 가장 핵심적인 목표는 바람직한 방향으로 학습자를 변화시키는 것이라고 할 수 있다. 이런 의미에서 학습자들이 가장 필요로 하는 프로그램을 개발하고, 이를 효율적으로 관리하는 것이 매우 중요하다. 현재 우리나라에서 문화예술교육 프로그램을 수행하고 있는 사업주관기관이 학습자의 특성을 파악하여 문화예술교육 프로그램에 반영하는 방법은 크게 다음 두 가지로 구분하여 살펴볼 수 있다.

첫째, 사업주관기관이 문화관광부, 지방자치단체, 한국문화예술교육진흥원 등 공공부문에서 지원하는 문화예술교육사업에 참여하기 위하여 사업신청서를 작성하는 단계에서 교육대상집단을 설정하는 일이다. 이 경우, 사업주관기관은 공공부문의 문화예술교육지원사업의 목적에 적합한 교육대상집단을 선정하기 위하여 지역의 잠재 학습자들에 대한 분석을 실시한다. 이러한 접근방법은 공공문화예술교육 프로그램이 학습자들에게 전달되는 데 초점을 둔 것이기 때문에 지역사회 학습자들의 다양한 문화예술교육수요를 반영하는 데 한계가 있다.

둘째, 잠재학습자들의 적극적인 요구와 지역사회단체의 요구, 그리고 자체진단 등을 바탕으로 사업주관기관이 자체적으로 문화예술교육 프로그램을 개발하여 운영하는 경우이다. 문화의 집, 주민자치센터, 지방문화원, 사회복지관, 여성회관 등 생활권 단위의 문화공간은 지역주민과의 지속적인 상호작용을 바탕으로 문화예술교육 프로그램을 개발하는 경우가 많다.

이러한 문화예술교육 프로그램은 공공지원사업이든 자체개발사업이든 기본적으로 교육대상집단인 학습자의 특성을 최대한 반영하여 성공적으로 운영될 수 있다. 특히 교육내용과 교육방법은 학습자가 누구인가에 따라 차이가 크다고 할 수 있다. 이런 의미에서 문화예술교육사업은 다양하고 이질적인 학습자 맞춤형 교육과정 운영모델을 개발하기 위한 노력을 지속적으로 전개해 나가야 한다. 그리고 학자들의 이동성을 고려하여 문화예술교육 공간으로 학습자들을 이동하게 하는 방법뿐 아니라 학습자의 활동공간과 생활세계로 문화예술교육이 찾아가는 방안을 적극 고려한다.

2. 학습자의 특성분석 및 수요조사

문화예술교육사업의 궁극적인 목적은 문화예술교육 프로그램에 참여하는 학습자들을 바람직한 방향으로 변화시키는 데 있기 때문에, 학습자의 특성과 수요는 문화예술교육사업의 전체 과정에서 매우 중요한 요인으로 고려되어야 한다. 학습자에 대한 분석은 분석단계에 따라 크게 다음 네 가지 차원으로 구분하여 살펴볼 수 있다.

첫째, 문화예술교육사업의 기본방향을 설정하기 위하여 잠재학습자들에 대한 특성 및 수요조사를 실시하는 경우이다. 잠재학습자들에 대한 인구학적 속성을 분석하여 문화예술교육사업의 대상집단 범주를 설정하는 단계라고 할 수 있다. 인구학적 특성을 파악하기 위한 지표로는 규모, 연령, 성별, 지역별 분포, 사회취약계층 여부, 문화예술교육 수요 정도, 대상자별 간단한 특기사항 등을 들 수 있다. 문화예술교육사업 주관기관은 문화예술교육사업의 대상집단을 '특정지역의 소외된 노인들', '특정지역의 장애자들', '초등학교의 학생들' 등으로 범주화하여, 이러한 잠재학습자들에 대한 일반적인 특성과 문화예술교육수요를 조사함으로써 문화예술교육사업에 대한 사업계획을 수립하는 과정에 활용할 수 있다.

둘째, 문화예술교육사업 주관기관은 사업계획에 따라 실제 교육과정에 참여할 교육대상집단을 선정하기 위해서 교육대상집단에 대한 특성과 수요조사를 실시할 수 있다. 문화예술교육사업이 성공적으로 이루어지기 위해서는 교육사업의 특성에 적합한 교육대상집단을 선정할 필요가 있다. 이를 위해서는 사업계획 수립과정에서 설정한 교육대상집단의 범주를 세분하고, 구체화할 필요가 있다. 예컨대 장애자들을 대상으로 하는 경우에도 장애등급에 따라 교육내용과 교육방법이 상당히 차이가 있기 때문이다. 이러한 문화예술교육사업의 대상집단에 대한 분석자료는 교육대상집단을 선정하기 위한 홍보 및 마케팅 활동에 준거자료로 활용될 수 있다.

셋째, 문화예술교육사업 주관기관은 교육대상집단이 명확하게 선정된 경우에는 학습자에 대한 특성 및 수요조사를 실시하여 세부 교육내용 및 교육방법에 활용한다. 동일한 교육내용이라고 하더라도, 교육대상집단의 특성에 따라 교육방법이 달라질 수 있기 때문이다. 또한 교육대상집단의 동질성 수준도 교육방법에 영향을 미치기 때문에, 학습자 개개인의 특성을 고려하여 교육과정을 운영할 필요가 있다.

넷째, 문화예술교육사업 주관기관은 사업이 종료된 후에 사업의 결과가 교육대상집단에게 미친 영향을 평가하여 다음년도 문화예술교육사업의 추진과정에 활용할 필요가 있다.

학습자의 수요조사에 포함되는 주요 항목으로는 [표 4-6]에 나타난 바와 같이 교육프로그램의 목적, 학습자의 규모, 학습자의 인구학적 특성, 학습자의 동질성, 교육프로그램에 대한 학습자의 선호, 교육방법 특기사항, 교육과정 장애요인 등을 들 수 있다.

[표 4-6] 학습자의 문화예술교육 수요조사

항목체계	내 용
교육프로그램의 목적	교육프로그램의 목적, 필요성, 의의
학습자의 규모	학습자의 총수
학습자의 인구학적 특성	연령, 성, 교육수준, 경제수준, 지역분포
학습자의 동질성	학습자의 특성이 동질적인가, 이질적인가
교육프로그램에 대한 학습자의 선호	교육프로그램의 취지나 목적에 대한 선호, 교육내용에 대한 선호
교육방법 특기사항	교육방법에서 고려해야 할 특별한 사항
교육과정 장애요인	학습자의 특성으로 인해 교육과정에서 제기될 수 있는 문제점과 애로사항

3. 학습자의 수요조사방법

학습자의 특성 및 수요를 조사하기 위한 방법으로는 [표 4-7]에 나타난 바와 같이 자료분석, 구조화된 설문조사, 심층인터뷰, 간담회 등을 들 수 있다.

첫째, 자료분석은 문화예술교육사업 및 교육대상집단에 관한 기존의 문헌 및 자료를 수집 · 분석하는 것이다. 이러한 문헌 및 자료는 문화예술교육분야뿐 아니라 사회복지, 교육공학, 예술치료 등 다양하다. 이것은 학습자에 대한 학제적인 연구결과를 문화예술교육사업의 학습자 특성분석에 활용할 수 있기 때문이다.

둘째, 설문조사방법은 학습자 또는 학습자와 관련되어 있는 실무자들을 대상으로 설문지를 작성하여 배포 · 회수 · 분석하는 조사방법이다. 아동이나 장애자 등 문화예술교육에 대한 선호 및 수요를 스스로 표현하는 데 한계가 있는 경우에는 담당교사와 실무자들을 대상으로 간접적인 설문조사를 실시하는 방법을 고려할 수 있다.

셋째, 인터뷰방법은 학습자, 학습자 관련 실무자, 전문가 등을 대상으로 직접 대화하며 조사하는 방법이다. 이러한 인터뷰 방법은 구조화된 설문조사방법으로는 파악하지 못하는 질적 정보를 확보하는 데 유용하다. 이러한 인터뷰 방법은 공식적인 인터뷰와 비공식적인 인터뷰, 구조화된 인터뷰와 구조화되지 않은 인터뷰 등 다양하다. [표 4-8]은 인터뷰를 실시할 때 고려해야 할 요인을 나타낸 것이다.

넷째, 간담회 방법은 문화예술교육대상집단인 학습자, 강사, 교육프로그램 관리자, 전문가, 관련 교육사업 운영경험자 등 관계자들이 모여 회의형태로 학습자의 특성과 수요를 파악하는 방법이다. 간담회방법은 관계자들 상호간의 의사소통을 통해 합의를 형성하는 데 유용한 방법이다.

[표 4-7] 문화예술교육 학습자 조사방법

조사방법	내 용
자료조사	학습자 관련 기존 자료 및 정보 수집, 분석 정성적 자료와 정량적 자료조사
설문조사	구조화된 설문조사
심층인터뷰	학습자 및 관계자들과의 심층 인터뷰 실시 비공식인터뷰, 구조화되지 않은 인터뷰 구조화된 인터뷰
간담회	학습자, 교육프로그램관리자, 강사, 관계자 간담회 개최

[표 4-8] 인터뷰 실시를 위한 고려요인[2]

- 익명성을 보장한다.
- 정확한 정보를 얻기 위해 인터뷰대상자들의 동의를 받아 녹음 또는 메모를 하고, 인터뷰 내용을 기록한다.
- 유도질문을 피한다.
- 인터뷰 도중 명확하지 않은 용어가 나올 경우에는 인터뷰대상자들로 하여금 스스로 그 용어에 대한 정의를 내리도록 한다.
- 인터뷰 내내 초점을 유지한다.
- 필요한 경우, 부연설명이나 사례를 요구한다.
- 인터뷰를 실시하기 전에 사전에 준비한다.
- 인터뷰과정에서 감정표현이나 주관적 판단을 내리지 않는다.
- 내가 당신의 말을 잘 듣고 있다는 반응을 교감적 언어를 사용하여 표시한다.
- 인터뷰대상자의 이야기를 잘 들어주는 자세를 갖춘다.

2 Berger A.A.(2000), *Media and Communication Research Methods*, Sage.

8. 교육프로그램내용과 교육방법의 질적수준 관리체계를 갖춘다

1. 참여기반의 교육과정개발

문화예술교육분야 전문가 및 강사들의 참여를 바탕으로 교육내용과 방법을 설정하고, 교육과정에서 발전적으로 개선하기 위한 활동이 이어져야 한다.

① 문화예술교육 프로그램은 강사의 질적 수준에 따라 교육효과가 영향을 받는 정도가 매우 크기 때문에, 교육과정을 개발하는 초기단계에서부터 관계전문가들과 강사들의 참여가 활발하게 이루어져야 한다.

② 문화예술교육 프로그램은 교육과정을 표준화하는 데 한계

가 있으며, 교육이 진행되는 과정에서 교육대상자의 특성과 교육현장의 환경에 의해 신축적으로 적용해야 할 여지가 많이 있기 때문에, 초기에 개발된 교안도 교육프로그램 진행 과정에서 발전적으로 개선하기 위한 노력이 뒷받침되어야 한다.

③ 강사는 교육프로그램 운영의 최일선에 선 가장 중요한 요소라는 점을 인식하고, 통제보다는 상호소통 기반의 지원차원에서 강사관리체계를 갖추어야 한다.

④ 전문가들의 자문 및 연구를 바탕으로 교육프로그램의 이론적 기반을 강화하고, 교육효과를 제고하기 위한 노력을 지속적으로 추진한다. 이와 관련하여 교육과정 개선을 위한 전문가 워크숍을 개최하여 운영한다.

2. 문화예술교육 프로그램의 특성분석

문화예술교육 프로그램의 특성을 파악한다.

① 문화예술교육 프로그램의 특성에 따라 프로그램을 성공적으로 운영하기 위해 협력해야 할 인력, 단체, 기관, 지식과 정보 등의 요인이 달라지기 때문에, 문화예술교육의 질적 수준을 관리하기 위해서는 무엇보다 교육프로그램의 특성을 파악해야 한다.

② 문화예술교육 영역이 장애자복지, 생태환경, 학교교육, 노인복지 등 타 영역과의 연계가 확대되고 다양화됨에 따라 문화예술교육 내용과 방법을 개발하는 과정에서 고려해야 할 행위자의 규모 또한 다양해지고 있다.

③ 이러한 관련영역의 다양화경향은 관련분야의 학제적 접근을 필요로 한다.

3. 교육대상집단과의 상호작용

교육대상집단과의 지속적인 상호작용을 통해 교육프로그램의 질적 수준을 발전시켜 나간다.

① 문화예술교육 프로그램의 궁극적인 목적은 교육프로그램이 적용되는 대상집단을 통해 실현될 수 있기 때문에, 문화예술교육 프로그램의 교육과정을 전문적으로 구축하기 위해서는 대상집단의 특성을 파악해야 한다.

② 특정 대상집단과 관계된 기존의 공공부문과 민간부문의 관련단체 및 기관들과의 협력네트워크를 구축하기 위해서는 특정 대상집단의 특성에 대한 이해가 무엇보다도 중요하다. 예컨대, 문화관광부와 한국문화예술교육진흥원이 2005년부터 추진하고 있는 '학교와 지역사회 연계 문화예술교육사업' 인 경우에는 대상집단이 학생들이기 때문에, 학생들과

관련된 교육행정, 교육방법론, 교육과정 등에 대한 특성들을 파악할 필요가 있다. 이 경우, 학생을 가장 우선으로 생각하는 교육프로그램 운영체계와 파트너십만이 살아남는다.

③ 문화예술분야 출신의 강사들이 문화예술교육 프로그램 실천 현장에서 효과적으로 교육과정을 수행하기 위해서는 학생, 장애자, 노인 등 교육대상집단에 대해 충분하게 이해할 필요가 있으며, 이를 바탕으로 교육내용과 교육방법을 맞춤형으로 개발할 필요가 있다. 이 과정에서 학교교사, 교육공학전문가 등으로부터 학생들에 관해 충분한 정보를 확보할 필요가 있다.

4. 강사지원환경 조성

강사들의 교육활동을 체계적으로 지원할 수 있는 환경을 조성한다.

강사는 일선교육현장에서 학습자를 직접 만나서 교육하는 전문인력으로 교육프로그램의 기획활동이 현장에서 실현될 수 있도록, 실천자이면서 동시에 학습자의 학습효과에 영향을 가장 크게 영향을 미치는 역할을 담당하고 있다. 따라서 우수한 기획체계와 운영체계, 그리고 교안을 갖추고 있다고 하더라도, 이를 교육현장에서 실천할 수 있는 강사가 확보되지 않으면 교육프로그램의 운영목적을 성공적으로 달성할 수 없다. 따라서 교육프로그램의 특성과 교육대상집단의 특성을 고려하여 이에 적합한 우수한 강사를 확보하는 일은 매우 중요하다. 이와 관련하여 우수한 강사를 공유하기 위한 교육네트워크를 구축할 필요가 있다.

그러나 아직 문화예술교육 강사들에 대한 지식정보관리체계가 미흡한 상황에서 우수한 강사를 확보하기에는 한계가 있다. 또한 우수한 강사를 확보한 경우에도 이러한 강사가 교육현장에서 효과적으로 교육활동을 펼칠 수 있도록 여건을 조성해 줄 필요가 있다.

① 강사에게 교육프로그램에 대한 자세한 정보를 제공하여 강사로 하여금 교육현장에서 활용할 수 있도록 한다. 이러한 정보로는 교육프로그램의 운영목적, 교육프로그램의 성과, 교육프로그램의 교육내용 특성, 교육프로그램의 기획배경, 기타 교육과정에서 고려해야 할 사항 등을 들 수 있다.

② 강사에게 학습자특성에 관한 자세한 정보를 제공하여 강사로 하여금 교육현장에서 활용할 수 있도록 한다. 문화예술교육프로그램의 경우, 교육과정에 관한 일반모델이 개발되어 있는 경우에도, 교육현장의 상황에 따라 교육방법이 달라질 수 있기 때문에, 사전에 강사에게 학습자의 특성에 관한 자세한 정보를 제공하여 상황대응 역량을 강화시킬 필요가 있다. 특히 정부의 사회취약계층 문화예술교육사업의 경우와 같이 교육대상이 노인,

장애자, 소년원 학생, 공부방어린이, 해외이주민, 새터민 등 다양하기 때문에 교육대상에 따라 학습수요, 학습역량, 효과적인 학습방법, 학습성과 수준 등에 있어서 차이가 크다. 장애자의 경우만 하더라고 장애정도가 매우 다양하기 때문에, 동일한 교안이라고 하더라고 실제로 교육과정에서 적용하기 위해서는 학습자의 다양한 특성에 적합한 교육활동이 이루어질 필요가 있다.

③ 교육프로그램 기획과정에 강사의 참여를 활성화시킬 필요가 있다. 강사는 일선 교육현장의 책임자이면서 동시에 문화예술교육분야에 대한 전문가이다. 따라서 강사는 교육프로그램 기획과정에 참여함으로써 교육프로그램의 기획목표와 내용 및 성과에 대한 인식을 증진할 수 있을 뿐 아니라 교육전문가로서 기획과정을 설계하는 데 전문적인 지식을 제공할 수 있다.

학교와 지역사회 연계 문화예술교육사업과 사회취약계층 문화예술교육사업의 강사 행태 및 역할을 살펴보면, 사업주관기관에 따라 다양한 측면을 보여주고 있다. 강사관리에 대한 사업주관기관의 운영행태를 구분하면, 크게 기획과정 초기단계에서부터 사업운영 전체 과정에 참여시키는 유형과, 교육사업 집행단계에 한정하여 강사를 참여시키는 유형으로 구분할 수 있다. 교육프로그램을 효과적으로 운영하기 위해서는 교육프로그램을 기획하는 단계에서부터 강사가 참여함으로써 프로그램의 기획 및 운영목적과 내용 및 방법에 대해 충분하게 인식할 수 있는 여건을 조성할 필요가 있다.

④ 교육프로그램 운영과정에서 강사가 교육활동에 전념할 수

있도록 교육환경을 만들어주어야 하며, 가능한 교육활동 외의 행정적인 업무에 대한 부담을 갖지 않도록 할 필요가 있다. 문화예술교육 프로그램에 참여하는 강사들의 역할행태와 관련하여 교육활동과 행정활동이 복합된 경우가 많이 있기 때문에, 사전에 강사들의 역할기대에 대해 명확하게 설정하고, 이를 공유할 필요가 있다. 이와 관련하여 강사들의 일차적인 활동목표는 교육활동을 효과적으로 수행하는 것이라는 점에 바탕을 두고, 행정활동은 극히 제한적으로 설정할 필요가 있다.

⑤ 사업주관기관은 강사에 대한 지원 및 강사활동 매뉴얼을 만들어 강사들이 사업주관기관이 실시하고 있는 문화예술교육 프로그램에 대한 지식과 정보를 사전에 충분하게 인지하는 상태에서 교육현장에 참여할 수 있는 여건을 조성할 필요가 있다.

강사매뉴얼에 포함되어야 할 주요사항을 살펴보면 다음과 같다.

⑥ 강사들은 교육사업 프로그램 운영성과를 측정하는 과정에 참여하여 교육활동결과에 관한 보고서를 작성하여 제출할 필요가 있다. 강사들은 학습자를 직접 만나서 교육활동을 수행하기 때문에, 예술교육에 대한 학습자들의 반응에 가장 민감하게 느낄 수 있는 위치에 있기 때문에, 교육프로그램 운영 성과에 대한 학습자들의 변화동향을 기록하여 사업주관기관에 제출할 필요가 있다. 사업주관기관은 강사들의 결과보고서를 바탕으로 강사들의 지원체계를 재정립할 필요가 있으며, 교육과정 운영과정을 개

선하는 자료로 활용할 필요가 있다.

[표 4-9] 강사매뉴얼 구성요소

교육프로그램의 기획목적	교육과정 목적에 대한 강사들의 이해증진
교육프로그램의 성과와 학습달성 수준	사업성과와 학습효과에 대한 고려
교육프로그램의 교안 내용 및 교육방법	교육내용과 방법에 대한 사항
학습자의 특성	• 인구학적 특성, 학습자의 규모, 문화예술 교육 경험수준 • 학습자들의 행태적 특성, 심리적 특성 • 학습자들의 학습능력
교육과정에서 고려해야 할 학습자의 특성	일반적 사항과 특이한 사항
교육프로그램 운영과정 기록양식과 기록 방법	강사의 교육활동 기록체계화
강사들의 교육과정 운영결과 보고서 양식 및 제출방법	결과보고서 목차와 양식

강사들의 교육과정 운영결과 보고서에는 [표 4-10]에 있는 사항이 포함되어야 한다.

[표4-10] 강사의 교육과정 운영결과보고서의 구성요소

교육의 초점	
교육일정별 주요 기록사항	교육일지 참고작성
학습자들의 반응 및 태도변화	
교육효과	
교육프로그램 운영결과의 시사점	

9. 파트너십과 네트워크 체계를 구축한다

1. 파트너십 인식공유

파트너십과 네트워크 구축의 필요성에 대한 인식을 공유해야 한다.

① 문화예술교육의 대상이 청소년과 지역주민 등 일반 대상에서 장애인, 노인, 여성, 사회취약계층 등으로 세분화되면서 이러한 대상집단들과 관련된 단체나 기관, 전문인력 등과의 협력이 문화예술교육 프로그램의 효과성을 증진하는 중요한 요소로 부각되고 있다.

☞ 문화예술교육 강사는 교육프로그램을 교육대상에 적합하게

재구성하여 이에 적합한 교육방법을 개발해야 하기 때문에, 교육대상에 대해 기존에 충분한 정보를 관리하고 있는 관련 단체들 및 전문가들과 협력관계를 구축할 필요가 있다.

② 문화예술영역과 교육영역의 협력관계를 구축하기 위해서는 인력교류뿐 아니라 교육프로그램을 기획하고 추진하는 과정전반에 걸쳐서 공동으로 참여하거나 관련지식과 정보를 교류하는 일이 매우 중요하다.

③ 최근에는 문화예술교육정책이 학교교육, 문화정책, 문화공간경영, 사회복지, 교정행정, 평생교육, 생태환경교육 등 다양한 전문영역과 연계하여 이루어지고 있기 때문에, 이에 따른 관련 전문영역과의 협력네트워크 수요 또한 확대되고 있다.

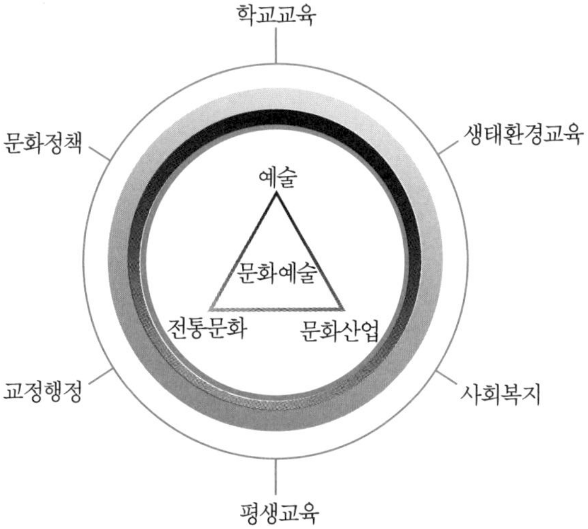

자료: 임학순 외(2006), 『인천문화예술교육 네트워크 구축모델 연구』, 인천문화재단.

[그림 4-5] 문화예술교육 프로그램의 영역확대

2. 네트워크 행위자 특성분석

네트워크체계를 구성하는 행위자(actors) 구조와 행위자별 특성을 파악한다.

① 문화예술교육사업 네트워크를 구축하기 위해서는 교육프로그램과 관련된 단체 및 기관 등 행위자들이 누구이고, 이러한 행위자들의 특성이 무엇인지를 파악할 필요가 있다.
② 행위자체계를 지원유형, 지식과 정보유형, 공동프로그램 운영유형 등으로 구분하여 유형화하여 분석한다.
③ 행위자들 상호간의 관계구조를 조직단위와 프로그램 단위로 구분하여 분석한다.
④ 행위자들의 특성분석 결과를 바탕으로 문화예술교육 프로그램 네트워크 체계에서의 행위자들 역할분담구조를 명확하게 설정한다.

3. 행위자 참여의 활성화

네트워크 체계 행위자들의 역할분담 체계를 명확하게 설정하고 참여를 활성화해야 한다.

① 문화예술교육 프로그램 네트워크 시스템을 구성하는 행위

자들의 특성과 장점을 활용한 역할분담 및 협력체계를 구축하여, 행위자들이 참여할 수 있는 업무와 방법, 범위 등에 대해 명확하게 인식을 공유할 필요가 있다.

② 네트워크를 구성하는 실제 행위자들이 문화예술교육 프로그램의 기획단계에서부터 집행단계, 산출평가단계 등에 이르기까지 전 과정에 적극 참여할 수 있는 여건을 조성해야 한다.

③ 문화예술교육 프로그램의 진행상황에 대한 정보를 제공함으로써, 네트워크 행위자들로 하여금 네트워크 참여로 인한 자부심을 갖도록 할 필요가 있다.

④ 네트워크 행위자들의 참여가 실질적으로 확보되어야 네트워크 구축목적을 달성할 수 있다.

⑤ 네트워크 행위자들간의 이해관계를 조정하여 협력관계를 구축한다.

10. 인식공유와 신뢰관계기반의 리더십체계와 지지환경을 구축한다

1. 신뢰형성

사업주관기관은 문화예술교육 환경영역으로부터 신뢰를 받아야 한다.

① 신뢰감을 창출하기 위해서는 사업추진기관 및 담당자들이 열성을 다해 노력한다는 인식이 형성되어야 한다.
② 사업추진기관 및 담당자들이 전문성을 제고하기 위해 노력하고, 이를 위한 체계를 구축하여야 한다.
③ 사업추진기관 및 담당자들은 관련기관 및 단체, 그리고 관련전문가들과 함께 사업을 추진한다는 인식을 공유할 필요

가 있다.

④ 성공적인 네트워크 구축은 행위자들이 늘 듣고, 배우고, 변화를 적극 수용한다는 열린 시각을 갖추어야 한다.

2. 가치확신

문화예술교육 프로그램의 가치에 대한 확신을 가지고 인식공유 활동을 추진한다.

① 사업주관기관은 사업계획 수립단계에서부터 문화예술교육 프로그램의 필요성과 효과에 대해 충분하게 고려해야 하며, 이러한 문화예술교육 프로그램의 정당성에 대해 스스로가 확신할 수 있어야 한다.

② 이를 위해서는 문화예술교육 프로그램의 목적과 수단 및 성과에 대한 인과관계에 대한 설득력 있는 논리를 개발할 필요가 있다.

③ 기존의 성공한 사례에 대한 벤치마킹을 통해 사업주관기관이 추진하고 있는 문화예술교육 프로그램의 가치에 대한 확신을 제고하는 데 활용할 수 있다.

④ 문화예술교육 프로그램 담당자가 관련 환경조직들과 협력네트워크 체계를 구축하기 위해서는 상호인식을 공유할 필요가 있는데, 이를 위해서는 무엇보다도 사업담당자가 문화

예술교육 프로그램의 필요성과 중요성에 대해 충분하게 확신할 정도의 자신감을 갖추고 있어야 한다.

⑤ 설명회, 실무자협의, 워크숍 개최, 세미나 개최 등을 통해 해당 문화예술교육 프로그램의 가치와 관련기관 및 단체들 간의 협력네트워크가 서로에게 매우 중요하다는 인식을 공유할 필요가 있다.

3. 비전제시

사업주관기관의 리더는 문화예술교육 프로그램의 비전을 제시하고, 지방자치단체와 인식을 공유하기 위한 노력을 지속적으로 추구해야 한다.

① 일회성 사업이라는 틀 안에서 안주하기보다는 지역사회에서 문화예술교육 프로그램의 중장기 비전을 창출함으로써, 사업주관기관 및 문화예술교육 프로그램의 정당성을 확보할 수 있는 토대를 형성할 필요가 있다.

② 이와 관련하여 지역의 문화예술교육 수요와 전략에 관한 조사연구 활동을 다양한 방법을 활용하여 추진할 필요가 있다.

③ 문화예술교육 프로그램의 지속성과 재원확보를 위해 1년 전부터 다각적인 노력을 기울여야 한다.

11. 사업과정과 성과를 가시화하기 위한 기록관리를 체계화한다

1. 기록관리계획 수립

사업계획 수립단계에서 사업진행 전반에 대한 기록관리를 어떻게 할 것인지에 대해 기록관리 계획을 수립한다.

① 사업주관기관에서 추진하고 있는 문화예술교육 프로그램의 특성에 적합한 기록관리 양식과 방법을 개발한다.
② 분기별로 기록정리작업을 통합하여 모니터링을 실시한다.

2. 기록방법교육

기록양식과 기록방법, 그리고 기록자료의 활용방안 등에 대해 문화예술교육 프로그램 관계자 및 참여자들에게 충분하게 설명하고, 자체 기록을 체계적으로 수행할 수 있도록 한다.

① 기록작업은 사업주관기관 담당자가 총괄담당하되, 세부적인 사항에 대해서는 강사, 학교교사, 지방자치단체, 자문위원 등 다양할 수 있다.
② 기록작업 관계자를 대상으로 기록방법에 대한 교육을 실시한다.

3. 기획활용도 증진

기록은 크게 문화예술교육 프로그램의 경영측면과 교육과정측면으로 구분하여 실시하고 기록의 활용도를 증진한다.

1) 경영측면

교육프로그램 기획과정, 사업계획서 원본 및 변경과정, 교육프로그램 운영과정(홍보마케팅, 재정관리, 파트너십 구축활동, 각종 자문회의 및 간담회, 워크숍 등), 교육프로그램 성과 등을 중심으로 실제 활동상황과 연구개발 활동을 체계적으로 기록하고 정리한다.

2) 교육과정 측면

교육과정 설계과정, 설계과정에서의 참여자, 교육내용, 교육방법, 강사의 역할과 활동내역, 교육내용과 교육방법의 변화내역, 교육대상집단의 특성분석, 교육대상집단의 학습참여도, 학습만족도, 학습효과 등.

3) 성과와 한계 및 향후 과제기록

① 최종적으로 사업주관기관에서 추진하고 있는 문화예술교육 프로그램의 운영성과와 한계 및 향후과제에 대한 기록을 추가하여 차년도 사업계획 수립방향에 기록결과를 적극 활용한다.
② 이와 같이 체계화된 기록들은 문화예술교육 프로그램의 성공적 운영모델을 발전시키는 데 기여할 뿐 아니라 문화예술교육 프로그램의 이론적 · 실천적 기반을 강화하는 데도 기여할 수 있다.
③ 또한 이러한 기록을 지역의 관련 단체 및 기관들과의 협력 네트워크를 구축하는 데 준거자료로 활용할 수 있으며, 인식공유 활동에도 효과적으로 활용될 수 있다.
④ 문화관광부와 한국문화예술교육진흥원을 비롯한 외부의 환경조직으로부터의 성과평가 작업에도 적극적으로 대응할 수 있다.

12. 자체 성과관리 및 평가시스템을 갖춘다

1. 성과관리 및 평가체계 운영실태

① 문화예술교육 프로그램이 운영되고 있는 지역의 일선현장에서는 문화예술교육 프로그램을 집행하는 데 주안점을 두고 있기 때문에, 문화예술교육 프로그램이 추구하는 바람직한 목표와 성과에 대한 인식을 등한시할 가능성이 있다. 또한 문화예술교육사업의 사업목표가 여전히 추상적이어서 명확성과 구체성이 결여되어 있으며, 성과를 무엇으로 볼 것인가에 대한 인식공유가 미흡한 실정이다.

② 성과관리를 위한 문화예술교육 프로그램 평가작업과 관련하여 평가에 대한 기본개념의 이해가 부족하며, 상호소통적

발전차원보다는 통제와 감사차원의 평가개념으로 이해하는 경향이 아직도 많이 있다.

③ 문화예술교육사업의 사업주관기관들은 자체 성과관리 및 평가시스템을 갖추지 못한 경우가 많으며, 자체평가를 실시하는 경우에도 사후평가에만 한정되어 부분적으로 진행되고 있는 경우가 많으며, 사전평가 및 과정평가에 대한 인식이 미흡한 실정이다.

④ 앞으로 문화예술교육사업이 지역사회에 자리잡기 위해서는 자체 성과관리 및 사업평가체계를 구축할 필요가 있으며, 이것은 사업의 효과성과 지속가능성에 중요한 영향을 미친다는 점을 인식할 필요가 있다.

2. 사업주관기관의 자체평가

사업주관기관은 자체 평가항목을 개발하여 스스로를 점검함으로써 문화예술교육사업을 성공적으로 추진하는 데 애로사항과 장애요인을 파악하고, 이러한 문제를 해결하기 위한 방안을 개발 · 실천할 수 있다. 사업주관기관의 자체평가를 위한 핵심항목으로는 다음 몇 가지를 고려할 수 있다.

① 문화예술교육 프로그램의 목적과 기대효과가 명확하고 구체적인가.

② 문화예술교육 프로그램의 전문성을 확보하기 위해 조사연구 및 전문가의 참여를 활발하게 추진하였는가.

③ 문화예술교육 프로그램을 성공적으로 운영하는 데 필요한 자원을 충분하게 확보하였으며, 이를 체계적으로 관리하였는가.

④ 문화예술교육 프로그램을 성공적으로 수행할 수 있는 우수한 강사를 확보하기 위하여 충분하게 노력하였는가.

⑤ 강사가 교육현장에서 학습자들을 대상으로 양질의 교육활동을 펼칠 수 있도록 지식정보제공, 교육시설 및 기자재 확보, 교육자로서의 역할설정, 학습보조자 활용 등의 지원활동을 체계적으로 수행하였는가.

⑥ 문화예술교육 프로그램의 기획목적에 적합한 학습자들을 선정하였는가.

⑦ 문화예술교육 프로그램의 기획과 운영과정에서 학습자들의 수요와 특성을 충분하게 파악하여 반영하였는가.

⑧ 문화예술교육 프로그램의 기획과 운영과정에서 관련단체 및 기관들과의 파트너십 및 협력네트워크 구축활동을 체계적으로 수행하고 이들의 참여를 활성화시키고 있는가.

⑨ 지방자치단체, 교육청, 문화관광부, 한국문화예술교육진흥원 등 지원네트워크 조직들과의 협력관계를 지속적으로 유지하고 있는가.

⑩ 사업주관기관 직원 및 문화예술교육 프로그램 참여자들의 전문역량 개발을 위한 교육연수 기회를 충분하게 제공하고

있는가.

⑪ 사업모니터링을 체계적으로 실시하여 그 결과를 발전적으로 활용하고 있는가.

⑫ 사업추진과정 및 성과관리를 위한 기록관리를 체계적으로 수행하고 있는가.

⑬ 사업성과평가를 실시하여 관계집단 및 단체들과 성과인식을 공유하고 있으며, 조직내외부로부터 지지와 신뢰관계를 형성하고 있는가.

3. 평가작업단계

문화예술교육사업에 대한 평가작업은 평가계획의 수립, 평가사업 추진체계 구축, 평가지표체계 및 측정방법 개발, 평가실시 및 평가보고서 작성, 평가결과의 환류 등으로 구성된다.

① 평가계획을 수립한다.

② 평가사업 추진체계를 구축한다.

③ 평가지표체계 및 측정방법을 개발한다.

④ 평가를 실시하여 평가보고서를 작성한다.

⑤ 평가결과를 환류하여 평가결과의 활용가치를 높인다.

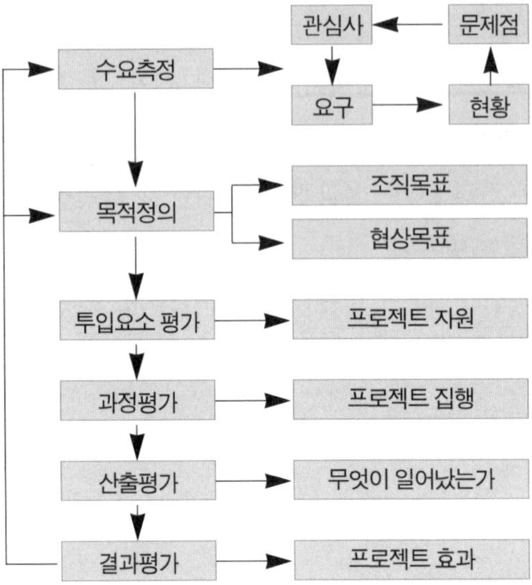

자료: Dean J., Goodlad R., Hamilton C. (2001), *Toolkit for Evaluating Arts Projects in Social Inclusion Areas*, The Scottish Arts Council.

[그림 4-6] 예술프로젝트 평가단계

1) 평가계획 수립 및 평가사업 추진체계 구축

① 평가계획서를 작성하여 평가의 목적과 범위 및 활용방안을 구체적으로 제시한다.

② 평가대상 사업에 대한 전반적인 사항을 간단하게 제시한다.

③ 평가일정을 제시한다.

④ 소요예산을 제시한다.

⑤ 평가사업 담당자, 평가단 구성 등 참여 인력계획을 수립한다.

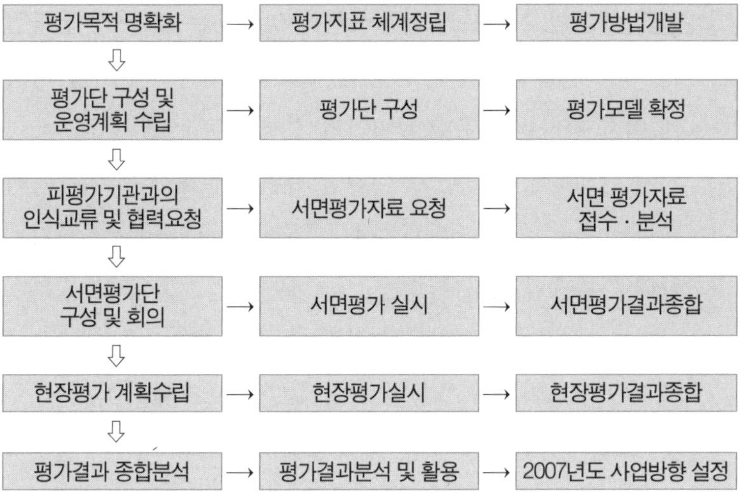

[그림 4-7] 사회취약계층 문화예술교육사업의 평가과정(2007년 공모사업의 경우)

2) 평가지표체계 개발 및 측정방법

① 평가지표 개발고려요인

- 사업목표를 가능한 측정가능한 수준으로 재구성한다.
- 사업목표, 사업수단, 사업성과의 인과관계를 고려하여 지표체계를 개발한다.
- 문화예술교육 정책사업의 지표체계는 정량적 지표와 정성적 지표로 구성하여, 실증적 자료와 전문가의 주관적 판단에 근거한 평가체계를 개발한다.
- 문화예술교육사업을 평가하기 위해서는 사업역사와 평가시점의 적절성을 확보해야 한다. 문화관광부와 한국문화예술교육진흥원이 실시하고 있는 사회취약계층 문화예술교육사

업과 학교와 지역사회 연계사업의 경우에는 2005년에 사업이 시작되었기 때문에, 2005년도와 2006년도에 이들 사업에 대한 평가는 주로 과정평가와 정책산출(policy output)평가에 한정하였다. 앞으로 이러한 사업들에 대한 평가는 정책결과(policy outcomes)와 정책영향(policy impacts)평가로 확대될 필요가 있다.

- 사업별 다양성을 고려하여야 한다. 문화예술교육사업에 따라 사업추진기관의 특성과 역량, 교육프로그램의 내용과 수준, 교육대상집단의 특성, 교육방법, 교육프로그램이 실시되고 있는 지역특성 등이 다양하기 때문에, 이러한 다양성을 고려하여 평가모델을 개발할 필요가 있다.
- 사업의 맥락적 요인(contextual factor)을 고려하기 위하여 문화예술교육사업과 지역환경과의 적합성 평가를 실시한다.
- 평가지표의 측정방법을 개발한다.
- 평가지표체계에 따라 자료를 수집 · 분석 · 평가한다.

② 학교와 지역사회 연계 문화예술교육사업 평가지표체계

한국문화예술교육진흥원은 2005년부터 학교와 지역사회 연계사업을 시작하면서 동시에 평가사업을 실시하였다. [표 4-11]에 나타난 바와 같이 사업 1차년도인 2005년에는 평가지표체계와 방법 등 평가모델을 개발하고, 정책사업 추진과정과 추진체계를 중심으로 평가를 실시하였다. 2차년도인 2006년에는 교육프로그램 중심의 평가체계를 구축하고, 지역별 특성화 프로그램의 발굴 및 프로그램 운영모델을 개발하는 데 초점을 두었다. 마지막 해인 3년차(2007)에는 영향평가로서 지난 3년간의 지원사업이 해당 지역사회에 어떤 영향을 미쳤는지 평가하여 정책사업의 성과를 남기고 향후 지역문화예술교육지원센터 등에서 흡수하여 추진할 수 있는 사업모델로 구체화하기 위한 방향성을 제시하였다.

[표 4-11] 연차별 평가의 주요내용 및 평가지표 구성

연차	평가방향	주요평가내용	주요평가지표	지표평가방법
1년	과정	주관단체 사업추진과정 및 추진체계	• 사업목표 및 실행계획 적합성 • 추진체계의 적절성 • 사업추진기관의 역량 및 의지 • 사업성과	• 사전서면평가 • 평가위원단에 의한 현장방문평가
2년	성과	지역의 문화예술교육환경과 자원, 지역사회별 특성에 따른 교육프로그램 운영	• 지역특성 반영도 • 프로그램 구성체계성 • 프로그램 전문성 • 고객특성에 따른 적합성 • 프로그램 실현가능성	• 사전서면평가 • 프로그램 발표대회 평가 • 평가담당자 및 지자체, 교육청 담당자 현장평가 • 설문조사에 의한 참여자 만족도
3년	영향	3개년 지원사업이 지역사회 변화에 미친 영향	• 학생 및 교사 등 참여자 만족도 • 지역사회 문화예술교육 관련 네트워크의 결합력(coherence) 강화 정도 • 지역주민 인식제고 및 참여영향 • 지역학교에 미친 영향	• 민족지적 방법에 의한 질적 평가 • 설문조사에 의한 참여자 만족도 평가

자료: "2006 학교-지역사회연계 문화예술교육 시범사업 종합 워크숍," 한국문화예술교육진흥원.

[표 4-12] 2006년도에 적용된 평가지표의 체계

평가영역	세부평가지표항목
사업목표 및 실행계획 적합성	목표명확성 정도
	지역특성 분석 및 반영도
	사업목표와 사업내용 연계성
	대상수요 집단의 수요부합 정도
	교육프로그램의 질적 수준제고
추진체계 적절성	학교와의 파트너십 구축
	현장교사와의 협력
	교육청, 지방자치단체와의 협력
	지역문화예술단체 · 사회단체 협력
	우수강사 확보 및 관리체계
	교육 커리큘럼의 전문성
사업추진 기관의 역량 · 의지	사업주관 기관 담당인력의 전문성
	인식공유 · 네트워크 구축노력
	사업모니터링 체계
	장애요인에 대한 극복노력
사업성과	사업목표 달성도
	이해관계자 만족도
	파급효과

자료: 2006 학교-지역사회연계 문화예술교육 시범사업 종합 워크숍, 한국문화예술교육진흥원.

③ 사회취약계층 문화예술교육사업 평가지표체계

[표 4-13] 사회취약계층 문화예술교육사업 평가지표체계

평가영역	평가지표	지표에 대한 설명
사업목표 및 실행계획의 적합성	목표명확성 정도	• 사업목표가 구체적이고 명확하게 서술되어 있는가. • 사업목표가 문화예술적 가치와 교육적 가치를 포함하고 있는가. • 제시된 목표가 사업추진의 준거기준으로 작용하고 있는가.

평가영역	평가지표	지표에 대한 설명
사업목표 및 실행계획의 적합성	사업목표와 사업 내용간의 일관성	• 제시된 사업내용이 사업목표와 부합하는가. • 제시된 사업내용이 실행가능한 수준으로 설정되어 있는가. • 사업내용에 따라 예산이 적절히 배정 · 운용되고 있는가.
	유관사업과의 차별성과 연계성	• 지역 내의 타 사업과 중복되지는 않는가. • 유관사업들과 비교하여 사업의 정체성을 명확히 확보하고 있는가. • 유관사업들과 비교하여 교육적 차별성(대상과 분야의 특성 고려)을 가지고 있는가. • 유관사업의 주체들에 관한 정보를 가지고 있으며, 관련정보를 사업계획 수립에 반영하고 있는가.
조직환경	지역특성 분석 및 반영도	• 지역적 특성을 분석하였는가. • 지역적 특성 분석결과를 사업계획에 적절히 반영하고 있는가. • 지역적 특성 분석결과가 사업의 교육내용으로 구체화되었는가.
	대상수요 집단의 수요부합 정도	• 사업 대상 집단에 대한 수요 조사를 실시하였는가. • 수요 조사의 내용을 프로그램에 적절히 반영하였는가. • 사업 대상 집단의 수요를 반영하는 운영시스템을 구축하고 있는가.
	시설자원확보 수준	• 사업을 실행함에 있어 필요한 자원을 확보하고 있는가(교재 및 교안, 교육인력, 운영인력, 공간, 기자재 등). • 필요한 자원을 확보하기 위해 적극적인 노력을 기울이고 있는가. • 필요한 자원을 지속적으로 관리, 개선하기 위해 적극적인 노력을 기울이고 있는가.
교육내용의 적절성	교육프로그램 기획 과정의 전문성	• 사업목표에 부합하는 교육목표를 설정하고 있는가. • 교육목표가 구체적이고 명확하게 서술되어 있는가. • 교육과정이 대상과 목표에 맞게 적절하게 구성되어 있는가. • 교육과정 구성에 전문가(교육전문가, 분야별 전문가, 대상 전문가 등)가 참여하고 있는가.

평가영역	평가지표	지표에 대한 설명
		• 교육환경을 개선하기 위해 특별히 노력한 부분(전문성, 시설, 파트너십 등)이 있는가. • 프로그램 진행 중에 발생한 오류나 문제를 수정하기 위한 대처방안이 있는가. • 교육과정 구성을 위한 자료수집과 분석이 이루어졌는가.
교육내용의 적절성	교육내용의 질적 수준	• 교육내용이 교육목표(문화예술적 가치와 교육적 가치)에 부합되는가. • 프로그램의 내용구성 및 진행이 전문적인가. • 프로그램 진행을 위한 사전준비가 충실한가. • 교안이 체계적(도입, 전개, 마무리)으로 구성되어 있는가. • 대상에 맞추어 교안의 난이도가 적절하게 조정되어 있는가.
	교육방법의 적절성	• 교육참여자의 수준을 고려한 교수법을 사용하고 있는가. • 교육내용에 적절한 교보재 및 예시를 사용하고 있는가. • 교육참여자의 내적 동기를 자극할 수 있는 기회를 충분히 제공하고 있는가. • 프로그램의 매뉴얼화가 정립되어 있거나 매뉴얼화를 위한 준비(일지작성, 교안, 교보재 등)가 되어 있는가. • 교육일정이 교육참여자의 인원이나 수준, 그리고 시설 등 교육환경에 적합하게 구성되어 있는가. • 교육참여자 규모가 참여자와 강사 간에 원활한 의사소통이 이루어지는 데 적절한가.
리더십과 경영	경영 혁신 능력	• 사업기획, 실행평가, 피드백의 단계별 과정을 거쳐 프로그램을 보완, 개발시키고 있는가. • 자체적으로 사업에 대한 모니터링을 하고 있는가. • 사업 실행에 있어서 기존의 구조로 인해 충돌한 문제점들을 적극적이며 합리적으로 해결했는가. • 잠재 교육참여자를 대상으로 적극적인 홍보를 하였으며, 나아가 단체/시설의 예술교육에 있어서의 역할을 홍보하고 있는가. • 문화예술교육 프로그램 시행이 처음인 경우, 강사와 프로그램 운영자가 대상자들의 상태나 니즈, 환경에 대해 대처할 수 있도록 유연한 자세로 대응하였는가.

평가영역	평가지표	지표에 대한 설명
리더십과 경영	파트너십 및 협력 네트워크 구축 노력	• 사업관련 이해관계자 간의 커뮤니케이션이 활발하였으며 상호순조로운 협조와 발전적인 파트너십을 위해 노력하였는가. • 지자체, 사회복지기관, 지역주민들과의 협력네트워크 구축시도에 적극적인 노력을 기울였으며, 새로운 파트너십을 형성, 유지하고 있는가. • 파트너기관, 시설, 인력들 간의 지식, 시설, 전문인력 등의 공유가 적극적으로 이루어지고, 공동프로그램 개발의 노력을 시도 또는 진행하고 있는가. • 관계기관/단체/주민들 간의 문화예술교육사업에 대한 컨센서스를 이루어내거나, 자체적/자립적 사업에 대한 시도를 이끌어냈는가.
	사업주관 기관 강사 및 담당인력의 전문성	• 행정, 마케팅 등 운영측면을 전담할 인력이 확보되어 있는가. • 강사와 운영담당자가 예술교육 관련 교육 및 훈련을 통해서 전문성을 갖추고 있는가. • 운영담당자는 사업의 수행 과정에서 강사나 교육참여자가 필요로 하는 전문성(예: 복지사) 확보를 위해 타시설/기관과의 적극적인 협력 및 협조를 이끌어냈는가.
사업성과의 달성도	사업목표 달성도	• 사업계획시 설정한 정량적 목표(프로그램 횟수, 학생수 등)를 달성하였는가. • 사업계획시 설정한 정성적 목표에 대해 사업진행상에서 지속적으로 고려하며 연관된 노력을 하였으며 달성되었다고 판단되는가. • 계획시 설정된 목표 외에 달성된 성과가 측정되었고, 그 성과가 추후의 사업계획에 어떻게 적용할지에 대해 고려하고 있는가.
	고객만족 개선도	• 프로그램이 교육참여자의 기대에 부응하는지 모니터링하고 보완하는 노력을 하였는가. • 사업 관련 이해관계자들간의 상호에 대한 이해도를 높였으며 사업진행에 있어 각각의 역할에 대해 만족스러웠는가.

평가영역	평가지표	지표에 대한 설명
사업성과의 달성도	사회통합 효과	• 사업운영은 지역사회에 긍정적 효과를 가져왔으며, 사회문화예술교육에 대한 다양한 수요를 찾아내고 창출하였는가. • 문화예술 소외지역 및 소외자들에게 문화예술에 접근할 수 있는 기회를 창출했으며 미래관객 개발에 기여하였는가. • 사회소외계층의 자아에 대한 긍정적 사고를 가져왔으며 커뮤니티에의 참여 등 다양한 사회참여의 계기를 마련하였는가.
	학습효과	• 교육목표가 달성되었는가. • 프로그램 교육참여자들이 프로그램 참여 후 문화예술에 대한 장벽을 낮게 인식하며 문화예술에 대한 참여에 대해 용이하게 느끼고 있는가. • 프로그램 교육참여자들이 프로그램을 통해 자신의 니즈를 구체적으로 자각/인식하고 자신들의 니즈를 반영한 다양한 프로그램 제공에 대한 요구가 늘어났는가. • 강사들의 사회소외계층 대상 프로그램에 대한 노하우가 획득되었나. • 운영시설 및 관련 기관 및 단체의 문화예술교육 사업의 역할 및 전개방법에 대한 노하우, 발전적 협력 모델 등에 대한 학습이 이루어졌나.

자료: 한국문화예술교육진흥원 제공.

3) 평가보고서 작성 및 평가결과의 활용

평가보고서는 평가자가 평가모델에 따라 평가한 결과를 종합적으로 분석 · 정리한 것으로 향후 문화예술교육 프로그램의 발전을 위한 중요한 자료로 활용될 수 있다. 이러한 평가보고서는 사업주관기관뿐 아니라 문화예술교육정책을 담당하고 있는 문화관광부, 한국문화예술교육진흥원, 지방자치단체, 교육청 등 공공부문에도 문화예술교육정책사업을 발전시키는 데 중요한 자료로 활용될 수 있다.

[표 4-14] 문화예술교육정책사업평가보고서의 일반형식

주요목차	내 용
표지	평가보고서제목, 평가자 이름, 평가일시
서론	사업평가의 목적, 의의, 범위, 평가의 한계
평가대상사업개요	평가대상사업의 목적, 내용, 시기, 추진체계, 쟁점, 인력 등
평가모델	평가지표체계, 평가방법, 평가참여자
평가분석결과	평가실시, 평가분석결과
평가결과의 시사점	시사점, 향후 과제 및 발전방안
평가결과의 활용	평가보고서 활용방법, 평가결과의 관계자 공유

4. 문화예술교육사업 모니터링

1) 프로그램 모니터링의 의의

문화예술교육사업 모니터링(program monitoring)이란 사업주관기관이 문화예술교육사업을 집행하는 과정에서 사업목적에 적합하여 집행이 효과적으로 이루어지고 있는지에 대해 점검하는 것을 의미한다. 사업주관기관은 이러한 모니터링 작업을 통하여 문화예술교육 프로그램이 당초 사업목적대로 운영되고 있는지, 아니면 새로운 문제점들이 나타나고 있는지, 그리고 이러한 문제점에 작용하는 요인들은 무엇인지 등에 대해 점검할 수 있다.

이러한 프로그램 모니터링의 결과는 부분적으로 문화예술교육 프로그램을 운영하는 데 필요한 문제점을 개선하는 데 활용할 수 있을 뿐 아니라 사업계획 자체를 변화시키는 방향으로 활용될 수도 있다. 사업주관기관은 이러한 프로그램 모니터링제도를 활용하여 사업환경 변화에 따라 사업집행과정에서 일어날 수 있는 문제점들을 진단하고, 이를 해결할 수 있는 기회를 갖게 됨으로써 사업의 효과성을 증진하는 데 유용하게 활용할 수 있다. 이런 맥락에서 사업주관기관은 프로그램 모니터링체계를 갖출 필요가 있다.

2) 프로그램 모니터링 실시

① 프로그램 모니터링의 목적과 범위 및 방법을 명확하게 설정한다.

② 사업주관기관은 프로그램 모니터링 작업에 참여하는 조직 내외의 인력을 선정한다. 사업주관기관의 내부역량이 미흡한 경우에는 외부의 전문인력을 프로그램 모니터링 요원으로 활용할 수 있다.

③ 사업주관기관의 담당자, 교육프로그램 참여자 및 관계자, 강사, 학교교사, 지방자치단체 담당자, 학습자 관련단체 및 기관의 문화예술교육 프로그램 담당자 등과의 심층인터뷰 및 간담회를 실시한다.

④ 교육프로그램이 진행되는 교육현장에 대한 참여관찰 및 학

습자들과의 심층인터뷰를 실시한다.

⑤ 사업주관기관은 필요한 경우, 학습자 및 관계자들을 대상으로 설문조사를 실시할 수 있다.

3) 프로그램 모니터링 분석

프로그램 모니터링 과정과 결과에 대해서는 기록을 관리한다.

[표 4-15] 사업 모니터링 보고서 작성(예시)

항 목	내 용
사업명	
작성자	
작성일시	
참여자 주요사업 추진경과와 성과	
문제점	
문제점 해결내용 및 미해결 과제	
시사점	
향후 사업방향	

[표 4-16] 문제점 진단 양식 (예시)

사업명	원 인	해결방안
문제점 1		
문제점 2		

[표 4-17] 모니터링평가 개발 양식

항 목	측정방법
사업목적	
대상검토 특성	만족도 조사, 등록자료
집행방법	
재정지원기관의 요구	
자원	재정, 책임성 등 평가

자료: Dean J., Goodlad R., Hamilton C.(2001), "*Toolkit for Evaluating Arts Projects in Social Inclusion areas*," The Scottish Arts Council.

13. 위험분석 및 관리를 통해 문제해결 역량을 갖춘다

1. 위기관리체계 구축

위험분석을 실시하여 위기관리체계(risk management system)를 갖춘다.

① 문화예술교육 정책사업이 학교와 사회복지 영역으로 확대되고 다양화되면서, 사전에 예측하지 못하는 문제들이 발생하고 있기 때문에, 사업계획을 수립하는 단계에서 위기관리에 관한 계획을 전략적으로 수립할 필요가 있다.

② 문화예술교육 정책사업의 경우, 교육프로그램을 담당하고

있는 지역의 사업주관기관들은 자원확보, 파트너십 및 협력 네트워크 구축, 정책사업 대상집단의 확보, 우수한 강사인력의 확보, 재정확보 등 다양한 문제점을 내포하고 있다.

☞ 예컨대, 사회취약계층 문화예술교육사업의 경우에는 노인, 장애자, 공부방어린이, 소년원 학생 등의 특성 때문에, 교육대상을 선정하고, 지속적으로 관리하는 데 어려움을 겪고 있다. 사회취약계층 문화예술교육사업은 교육프로그램 운영과정에서 교육시간을 엄격하게 관리하는 데도 한계가 있으며, 개별 맞춤형 교육과정에 대한 수요가 높은 편이다.

☞ 예컨대, 학교와 지역사회 연계 문화예술교육사업의 경우에는 사업 1차 년도인 2005년의 경우, 문화예술부문의 사업주관기관들이 교육기관들과의 협력을 확보하는 데 많은 어려움을 겪었다.

③ 위기관리체계를 구축하기 위해서는 계획수립단계에서부터 사업완료단계까지 사업추진 전 과정에서 핵심문제를 찾아내고, 이러한 핵심문제를 해결하기 위한 체계를 갖출 필요가 있다.

☞ 문화예술교육 정책사업에 대한 SWOT(Strong, Weak, Opportunity, Threat)분석을 통해 문화예술교육 정책사업의 약점요인과 위협요인에 대한 진단을 실시하여 사업추진과정에서 나타날 위기요인을 진단한다.

☞ 사업모니터링 과정을 통해 사업주관기관이 추진하고 있는 정책사업의 문제점이 무엇인지를 파악한다.

☞ 관련기관들간의 협의와 외부 전문가의 자문을 받아 핵심문제들에 대한 해결책을 개발한다.

☞ 사업주관기관은 위기진단 및 해결과정에서 정책사업을 지원하고 있는 문화관광부, 한국문화예술교육진흥원, 지방자치단체, 교육청 등과 긴밀하게 협의한다.

2. 핵심문제 상황계획 수립

발생가능성이 높은 핵심문제에 대해서는 상황계획을 수립한다.

① 위험분석을 통해 사업추진과정에서 발생될 것으로 예측되는 핵심문제에 대해서는 사전에 상황계획(contingency plan)을 수립하여 잠재적 문제에 대한 문제해결 방안을 준비할 필요가 있다.

② 상황계획을 수립하기 위해서는 잠재문제에 대한 분석을 실시하여 그 특성을 명확하게 인식하고, 이러한 문제를 어떻게 효과적으로 해결할 수 있을 것인가에 대한 방법과 해결책을 개발해야 한다.

③ 해결책은 일차적으로 문화예술교육 정책사업의 운영체계의 틀 안에서 찾는 것을 원칙으로 하되, 필요한 경우에는 관련기관들과의 협의를 통해 사업내용을 변경할 수 있는 가능성도 검토한다.

14. 문화예술교육 프로그램의 성과평가보고서를 작성한다

1. 자체 성과보고서 작성

사업종료시점에서 자체 성과평가보고서를 작성한다.

① 사업평가의 목적과 범위 및 활용도를 명확하게 설정한다.
② 평가지표체계와 방법을 선정하여 자체 평가를 실시한다.
③ 사업추진결과, 의미 있는 성과와 파급효과는 무엇이고, 그 요인은 무엇인지에 대한 분석을 실시한다.
④ 사업추진결과, 당초 사전성과지표에 비해 달성되지 못한 지표는 무엇이고, 그 요인은 무엇인지에 대해 분석한다.
⑤ 앞으로 문화예술교육 프로그램을 운영할 경우, 발전적으로

개선해야 할 사항은 무엇인가에 대해 제시한다.

> 사례: 영국 Creative Partnerships의 프로젝트 평가고려요소[3]
>
> ① 교육대상집단에 대한 잠재적 영향에 대해 명확하게 리스트를 작성한다.
> ② 파트너십 작업을 평가하기 위한 준거틀을 정립한다.
> ③ 자료를 수집 · 분석하고 기록을 관리한다.
> ④ 교육대상집단의 수준(baselines)과 교육을 통해 달성하고자 하는 수준에 대해 고려한다.
> ⑤ 지속적인 관찰을 실시한다.
> ⑥ 향후 평가를 지속적으로 추진하기 위한 공간과 시간을 남겨둔다.

2. 평가지표체계와 성과평가보고서

성과평가보고서는 평가지표체계를 바탕으로 작성한다.

① 문화예술교육 프로그램의 운영성과 보고서는 평가지표체계를 바탕으로 당초 사업목적을 어느 정도 달성하였으며, 이와 연관된 긍정적요인과 부정적요인은 무엇인가에 대해 객관적으로 기록한다.
② 문화예술교육 프로그램에 대한 자체평가보고서의 주요 목

3 Creative Partnerships(2006), *Building Creative Partnerships: a handbook for schools* (www.creative-partnerships. com)

차는 [표 4-18]과 같다.

[표 4-18] 문화예술교육 프로그램 자체 평가보고서 구성요소

주요목차	내 용
사업평가의 목적과 범위, 방법	
문화예술교육 프로그램의 개요	• 사업목적, 사업내용, 사업예산, 인력활용규모, 사업추진체계 • 학습자 유형, 교육장소, 사업기간, 사업관리자 등
평가지표별 평가내용	• 사업목표 및 실행계획의 적합성 • 조직환경특성과의 연계성 • 교육프로그램의 전문성 및 적절성 • 파트너십 및 협력네트워크 구축 • 자원확보 및 조직화 • 강사확보, 지원 및 관리 • 사업목표 달성도 • 고객만족도
사업평가 종합	• 총평 • 잘한 점과 미흡한 점 • 사업추진시 애로사항 • 사업추진과정에서 얻은 성과 • 사업의 지속성에 대한 필요성 • 향후 발전방향과 과제

[표 4-19] 문화예술교육 정책사업평가보고서의 일반형식

주요목차	내 용
표지	평가보고서제목, 평가자 이름, 평가일시
서론	사업평가의 목적, 의의, 범위, 평가의 한계
평가대상사업개요	평가대상사업의 목적, 내용, 시기, 추진체계, 쟁점, 인력 등
평가모델	평가지표체계, 평가방법, 평가참여자
평가분석결과	평가실시, 평가분석결과
평가결과의 시사점	시사점, 향후 과제 및 발전방안
평가결과의 활용	평가보고서 활용방법, 평가결과의 관계자 공유

[표 4-20] 평가보고서의 기본형태

목차	내용
요약	평가보고서의 개요요약
서론	평가연구목적, 평가연구대상설명, 문헌연구
방법	평가방법, 자료수집
분석결과	자료분석, 분석결과기술
결론	분석결과의 중요성, 시사점, 방향제시
참고 문헌	참고한 자료와 문헌기술

자료: Diamond J. (1999), *Practical Evaluation Guide*, Altamira Press.

3. 파급효과 평가

문화예술교육사업의 운영결과에 따른 파급효과를 평가한다.

문화예술교육사업의 효과에 대해서는 아직 이론적 연구와 분석방법이 정립되어 있지 않은 실정이다. 그럼에도 불구하고, 문화예술교육사업의 정당성을 지속적으로 확보하기 위해서는 문화예술교육사업의 실질적 성과와 효과가 무엇인지에 대해 체계적으로 점검할 필요가 있다. 문화관광부와 한국문화예술교육진흥원이 2005년부터 추진하고 있는 학교와 지역사회 연계 문화예술교육사업과 사회취약계층 문화예술교육사업인 경우에는 2007년도에 3년째를 맞이하고 있기 때문에, 시기적으로는 이러한 문화예술교육사업의 영향 및 파급효과에 대한 분석을 실시할 필요가 있다고 할 수 있다. 이러한 노력은 문화관광부와 한국문화예술교육진흥원 차원뿐 아니라 각 지역의 사업주관기관들 자체 평가차원에서도 의미가 있다. 문화예술교육 프로그램의 운영 결과에 대한 영향 및 파급효과를 평가하는 방법과 관련하여 다음 몇 가지 사항을 고려할 필요가 있다.

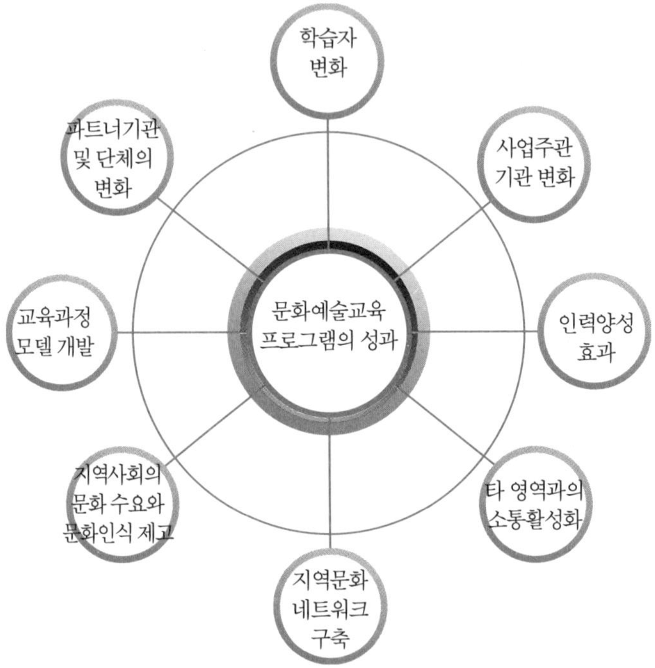

[그림 4-8] 문화예술교육 프로그램 운영성과의 영향평가영역

문화예술교육 프로그램이 학습자에 미친 효과에 관한 분석이 필요하다. 사업주관기관이 문화예술교육 프로그램을 운영하는 일차적인 목적은 학습자들에게 문화예술교육 프로그램을 제공하여 학습자들에게 긍정적인 변화를 유도하기 위한 것이라고 할 수

있다. 문화예술교육 프로그램을 기획하는 단계에서 학습자의 특성을 고려하는 것은 이러한 문화예술교육 프로그램의 목적이 궁극적으로는 학습자에 있다는 점에 바탕을 둔 것이라고 할 수 있다. 사업주관기관이 이러한 문화예술교육의 학습효과를 측정하기 위해서는 문화예술교육 프로그램의 특성과 학습자의 특성, 평가시점, 그리고 측정방법을 모두 고려하여야 한다.

첫째, 문화예술교육의 학습효과가 내포하고 있는 다양한 측면을 고려하여야 한다. 문화예술교육 프로그램의 학습효과에 대한 목적은 개별 프로그램에 따라 다양하지만, 크게 문화예술 체험 및 창작기회 확대, 창의성과 표현력 증진, 사회와의 소통성 함

[표 4-21] 학습효과 유형별 세부분석 지표

항 목	내 용
문화예술 체험 및 창작기회 확대	• 문화예술교육 프로그램에 참여한 학습자들의 문화활동에 어떤 변화가 일어나고 있는가.
창의성과 표현력 증진	• 문화예술교육 프로그램에 참여한 학습자들의 학업성취도에 어떤 변화가 일어나고 있는가. • 문화예술교육 프로그램에 참여한 학습자들의 자기표현력에 어떤 변화가 일어나고 있는가. • 문화예술교육 프로그램에 참여한 학습자들의 공동체생활이나 대인관계역량에 어떤 변화가 일어나고 있는가.
사회와의 소통성 함양	• 문화예술교육 프로그램에 참여한 학습자들의 공동체생활이나 대인관계역량에 어떤 변화가 일어나고 있는가.
예술치유효과	• 예술치유효과를 어느 정도 달성했는가.

양, 예술치유효과 등으로 구분할 수 있다. 이러한 학습효과는 상호 밀접하게 연관되어 있으며, 상호 영향을 주고받는 관계라고 할 수 있다. 문화예술교육 프로그램의 학습효과 유형별로 세부분석지표를 제시하면 [표 4-21]과 같다.

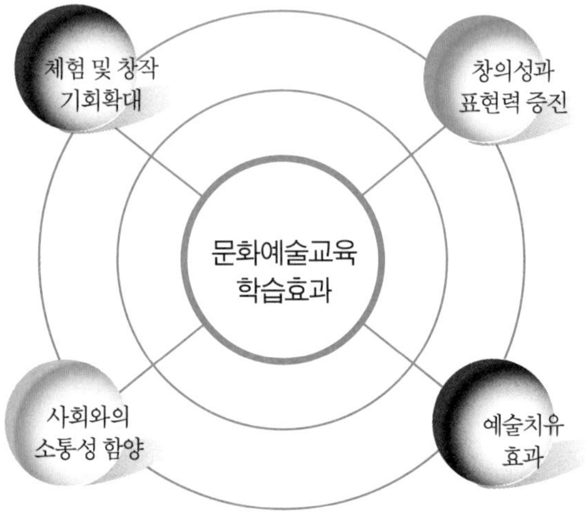

[그림 4-9] 문화예술교육 학습효과의 평가영역

둘째, 문화예술교육 프로그램의 학습효과를 측정하기 위해서는 다양한 학습자의 특성을 고려하여야 한다. 문화예술교육 프로그램의 학습자는 아동, 청소년, 노인, 장애인, 해외이주민, 새터민, 여성, 소년원 학생, 사회부적응자 등 그 대상이 다양하다. 동일한 문화예술교육 프로그램이라고 하더라도 학습자의 특성에 따라 교육목적과 학습효과에 차이가 있을 수 있다. 따라서 문화예술교육 프로그램의 학습효과를 측정하기 위해서는 다양한 학습자의 특성을 고려하여 효과를 평가하는 지표를 개발해야 할 것이다.

셋째, 문화예술교육 프로그램의 학습효과를 측정하기 위해서는 평가시점을 고려하여야 한다. 문화예술교육 프로그램의 학습효과는 시간의 변화에 따라 그 내용과 정도가 달라질 수 있기 때문에, 평가목적에 적합한 평가시점을 선택해야 한다. 문화예술교육 프로그램이 종료된 시점에서는 학습효과보다는 학습만족도에 대한 평가가 가능하다. 그러나 학습효과는 일정한 시간이 경과해야 하기 때문에, 문화예술교육 프로그램이 종료된 이후에도 학습자에 대한 지속적인 관심을 가질 필요가 있다. 학습만족도평가는 문화예술교육 프로그램에 대한 학습자들의 인식과 태도를 나타낸다는 점에서 의미가 있지만, 이러한 인식과 태도가 실제 학습자들의 행동으로 어느 정도 이어질지에 대한 해답을 제시하는 데 한계가 있다는 점을 고려하여 그 결과를 활용할 필요가 있다.

넷째, 문화예술교육 프로그램의 학습효과를 측정하기 위해서는 적절한 측정방법을 활용해야 한다. 학습효과를 측정하기 위해서는 구조화된 설문조사 방법, 만족도 측정방법, 핵심대상집단 인터뷰(Focus Group Interview), 개별 사례연구, 참여관찰, 관련교사 또는 학부모 등 관련인사 인터뷰, 전후조사의 비교분석 등 다양한 방법이 있다.

① 문화예술교육 프로그램이 문화예술교육 전문인력을 양성하는 데 어느 정도 영향을 미쳤는가 하는 점에 대한 분석이 필

요하다. 문화예술교육분야의 전문 인력은 문화예술교육 현장의 경험이 전문성을 향상시키는 데 매우 중요한 요소이기 때문에, 문화예술교육 프로그램의 운영 성과 중의 하나로 전문인력 양성효과를 살펴볼 필요가 있다. 이러한 전문인력의 유형으로는 문화예술교육 프로그램의 기획, 분석, 집행, 평가업무를 담당하고 있는 문화예술교육 관리자뿐 아니라 실제 교육현장에서 학습자들을 교육하는 강사, 그리고 학습자와 문화예술교육 관리자 및 강사 등을 연결하는 매개자 인력 등으로 구분 할 수 있다.

② 문화예술교육 프로그램 운영으로 문화예술교육의 교안이 어느 정도 개발되었으며, 문화예술교육과정에 대한 이론적 기반을 강화하는 데 어느 정도 기여하였는가에 대한 분석이 필요하다. 개별 문화예술교육 프로그램의 운영사례들에 대한 경험은 장기적 관점에서 문화예술교육 프로그램에 대한 이론적 기반을 강화하는 데 기여할 수 있다. 문화예술교육 프로그램에 대한 교안은 실제 교육과정에서 강사, 문화예술 형식, 학습자 특성, 교육환경 등에 따라 차이가 있을 수 있기 때문에 지속적인 교육과정을 통해서 단계적으로 정립될 수 있다. 학교와 지역사회 연계 문화예술교육사업이나 사회취약계층 문화예술교육사업의 경우, 2007년에 3년째를 맞이하고 있기 때문에 교육과정 모델을 정립하기 위한 성과분석이 필요한 시점이라고 할 수 있다.

③ 문화예술교육 프로그램의 운영으로 지역의 문화예술교육

및 문화활동 파트너십과 협력네트워크가 어느 정도 구축되었는가에 대한 분석이 필요하다. 학교와 지역사회 연계 문화예술교육 사업과 사회취약계층 문화예술교육사업은 모두 문화예술단체, 학교, 지역사회단체, 사회취약계층 관련단체, 교육단체 등 다양한 문화예술교육 관련단체들의 파트너십과 네트워크를 바탕으로 이루어지는 경향이 많다. 이러한 문화예술교육 프로그램을 중심으로 한 지역의 문화예술 교육관련단체들의 파트너십과 네트워크가 문화예술교육범위를 넘어 지역 전체의 문화파트너십 및 네트워크를 발전하는 데 어느 정도 기여하고 있는가를 살펴볼 필요가 있다.

④ 문화예술교육 프로그램의 운영으로 지역사회의 문화수요와 인식에 어떤 변화가 일어나고 있는가에 대한 분석이 필요하다. 문화예술교육 프로그램은 지역 문화정책 및 문화프로그램의 한 요소로서 지역의 문화지형도를 변화시키는 데 중요한 영향을 미칠 수 있다. 이와 관련하여 문화예술교육 프로그램의 운영으로 지역사회의 문화수요와 인식에 어떤 변화가 일어나고 있는가에 대한 분석이 필요하다.

⑤ 문화예술교육 프로그램의 운영으로 기존의 교육정책, 사회복지정책, 교정정책, 장애자정책 등에 미친 영향을 무엇인가 하는 점도 분석할 필요가 있다. 문화예술교육 프로그램은 교육대상인 학습자들의 특성이 다양하기 때문에 학습자들과 연관된 기존 정책영역과의 연계를 효과적으로 형성·관리할 필요가 있다. 이와 관련하여 문화예술교육 프로그램

은 교육정책, 사회복지정책, 교정정책, 장애자정책 등과 밀접한 관계를 형성하고 있다.

15. 교육프로그램의 최종목표는 교육대상집단의 변화에 있다는 점을 항상 고려한다

1. 교육대상집단의 변화분석

① 교육프로그램의 추진결과, 이러한 교육프로그램이 교육대상인 학생들에게 미친 영향이 무엇인지에 대해 살펴본다.

- 교육대상집단이 교육프로그램에 대해 어느 정도 만족하는지를 평가하여 향후 교육프로그램 기획과정에 활용한다.
- 문화예술교육사업이 교육대상집단의 창의성과 사회성을 향상하는 데 어느 정도 영향을 미치고 있는지를 분석한다.
- 문화예술교육사업이 교육대상집단의 문화생활, 여가생활 등 일상생활에 미치는 영향을 분석한다.
- 문화예술교육사업이 교육대상집단의 정서적 측면에 미치는

영향을 살펴본다.

② 이와 관련하여 설문조사, 심층인터뷰, 학부모 등을 통한 간접인터뷰, 소수 그룹을 대상으로 한 Focus Group Interview, 교육대상집단과의 자유토론 등 교육프로그램과 교육대상집단의 특성에 적합한 분석방법을 활용한다.

③ 교육대상집단의 변화에 영향을 미친 요인은 무엇인지 탐색한다.

사례: 영국의 Creative Partnerships의 창의성평가양식[4]
(C-SEF : Creative Self Evaluation Form)

C-SEF는 학교들로 하여금 학교교육의 중심에 창의성을 두는 경우, 어떻게 접근해야 할 것인가에 대해 이해할 수 있도록 하기 위하여 개발되었다. Creative Partnerships은 이러한 C-SEF 자료를 학교별로 수집·분석하여 정보를 제공함으로써 학교들로 하여금 창의성에 대한 이해와 접근을 증진하도록 하고 있다. 특히 C-SEF는 청소년들로 하여금 창의적으로 생각하고, 행동할 수 있는 역량을 개발하는데 초점을 둔 교육형태에 초점을 두고 있다.
C-SEF는 창의적으로 생각하고 행동하는 것을 구체적으로 파악하기 위하여 QCA(Qualifications and Curriculum Authority)의 창의성 지표 (QCA' s Creativity: find it, promote it)를 활용하여 다음과 같이 창의적 행태의 네 가지 범주를 설정하고 있다.

① 질문하기와 도전(Questioning and Challenging)
• 틀에 박히지 않은 질문하기
• 왜, 어떻게, 만일…… 한다면 등으로 질문하기

4 www.creative-partnerships,com/csef, www.ncaction.org.uk/creativity, Creative Partnerships(2006), *Building creative partnerships: a Handbook for Schools* (www.creative-partnerships.com).

• 특별한 방법으로 아이디어, 질문, 해결에 대한 대응
• 관습과 기존가정에 도전
• 독립적으로 생각하기

② 관계형성과 이해(Making connections and seeing relationships)
• 지식과 이전경험의 중요성 인식
• 트랜드와 패턴에 대한 정보, 경험, 탐색의 일반화
• 유추와 비유 활용
• 새로운 맥락에서의 재해석과 적용
• 기대하지 않은 방향으로 아이디어 소통

③ 구체화(Envisaging what might be)
• 마음의 눈으로 상상하고 관찰하기
• 무엇이 일어날 것인가에 대해 질문하기
• 가능성과 문제점 및 도전에 대한 분석
• 대안의 구체화
• 다른 관점에서의 인식을 통한 차별화

④ 아이디어 탐색 및 대안 개방(Exploring ideas, keeping options open)
• 아이디어 창출 및 실험과 놀이하기
• 직관적 대응 및 통찰력 믿기
• 대안탐색 및 신선한 접근
• 예측 및 장애요인 극복
• 창의적 결과를 달성하기 위한 열린시각, 적응, 아이디어 수정

⑤ 아이디어, 행동, 결과에 대한 비판적 성찰(Reflecting critically on ideas, actions and outcomes)
• 과정평가
• 환류
• 독창성과 가치에 대한 분석
• 이것은 좋은 것인가, 그리고 이것은 필요한 것인가에 대해 질문하기
• 건설적 제안

2. 교육대상집단 구성의 적절성 평가

교육대상집단의 구성이 적절한지에 대한 평가를 실시한다.

① 지역특성 및 환경분석, 교육프로그램의 목적과 특성분석 등이 실제로 교육대상집단의 선정과정에 어떻게 고려되었으며, 그 결과 교육프로그램 운영성과에 어떤 영향을 주었는지를 자체 평가한다.

② 교육대상집단의 구성이 사업추진과정에서 변화한 경우, 그 요인은 무엇인지를 점검한다.

③ 사업추진의 용이성을 우선시하여 실질적으로 포함되어야 할 교육대상집단을 제외시킨 점을 없는지를 자체 진단한다.

3. 학습자, 프로그램, 추진체계의 연계성 확보

교육대상집단, 교육프로그램, 사업추진체계의 유기적 연계성을 확보하기 위해 노력한다.

문화예술교육사업은 교육대상집단의 특성을 어떻게 교육과정에 반영하고 있는가 하는 점이 매우 중요한 성공요소이기 때문에 교육대상집단, 교육프로그램, 사업추진체계는 상호 유기적 연계성을 확보해야 한다.

참고문헌

경기문화재단(2003), "경기도 문화예술교육 실태조사 및 분석."

김경욱(2003), "문화민주주의와 문화정책에 대한 새로운 시각," 『문화경제연구』, 한국문화경제학회, 6권 2호.

문화관광부(2000), 문화의 집 운영지침.

문화관광부(2004), 문화예술교육 활성화 종합계획.

문화관광부(2005), "문화예술 인력정책 기반구축을 위한 기초연구," p.68.

문화관광부(2005), C-Korea 2010 문화강국.

문화관광부(2006), 학교-지역사회 연계 문화예술교육 시범사업 평가 및 발전방안 연구.

문화관광부 정책자문위원회(2007), 미래의 문화, 문화의 미래.

문화관광부(2004), 새로운 한국의 예술정책: 예술의 힘.

문화관광부(2004), 창의한국: 21세기 새로운 문화비전.

문화관광부(2005), 『문화정책백서』.

문화관광부(2006), 변화하는 지역문화환경에서의 문화의 집 발전방안.

문화관광부 · 교육인적자원부 · 한국문화예술교육진흥원(2005), 2005 학교-지역사회 연계 문화예술교육시범사업 종합워크숍자료집.

문화관광부 · 창의한국(2004), 21세기 새로운 문화비전.
문화관광부 · 한국문화관광정책연구원(1997), 문화예술인실태조사.
문화관광부 · 한국문화관광정책연구원(2000), 문화예술인실태조사.
문화관광부 · 한국문화관광정책연구원(2003), 문화예술인실태조사.
문화관광부 · 한국문화관광정책연구원(1997), 문화향수실태조사.
문화관광부 · 한국문화관광정책연구원(2000), 문화향수실태조사.
문화관광부 · 한국문화관광정책연구원(2003), 문화향수실태조사.
문화관광부 · 한국문화예술교육진흥원(2005), 2005 학교-지역사회 연계 문화예술교육시범사업 평가서.
문화관광부 · 한국예술경영학회(2004), 2004 문화예술 우수교육프로그램 모델개발 연구.
문화관광정책연구원(2004), 문화예술교육 활성화를 위한 정책기반 조성방안연구.
문화연대(2004), 강사풀제 평가사업보고서.
문화체육부(1997), 문화비전 2000.
문화체육부(1998), 국민의 정부 새 문화정책.
서울시정개빌연구원(2005). 서울분화재단 문화제휴 전략모델 및 프로그램 개발연구.
영화진흥위원회(2003). 영상문화교육 교육과정 기초연구.
오수길 · 김흥수(2004), "새로운 문화거버넌스의 가능성과 한계: 문화축제에 대한 Q 방법론의 적용을 중심으로." 『문화정책논총』 p.16.
오혁진(2003), 『평생교육경영학』 학지사. pp. 323~327.
용호성(2007), "문화예술교육정책에서 효과적인 거버넌스(Governance) 모형에 대한 연구," 경희대학교 대학원 공연예술학과 박사학위논문.
임학순(2001), "문화공간의 아마추어예술 프로그램 운영과정에서 지역사회단체와의 동반자 관계 형성에 관한 연구-문화의 집 사례를 중심으로," 한국예술경영학회 창립논문.
임학순(2003), 『창의적 문화사회와 문화정책』 진한도서.
임학순(2006), 문화예술교육 프로그램의 파트너십 구축요인에 관한 연구, 한국기초조형학회. "학교와 지역사회 연계 문화예술 교육 사업을 중심으로 기초조형학회 연구" Vol.7. No.3, 39~48.
임학순 · 김정희 · 이상민(2006), 인천 문화예술교육 네트워크 구축 모델연구, 인천문화재단.

임학순 외(2007), 2006 사회취약계층 문화예술교육지원 평가 및 발전방안 연구, 한국문화예술교육진흥원.
전국문화원연합회(2003), 전국문화원 사업총람.
정무성 옮김(2001), Kettner, Moroney, Martin 지음, 『사회복지 프로그램 기획과 관리-효과성에 기초한 접근-』, 나눔의 집.
지은구(2005), 『사회복지프로그램 개발과 평가』, 학지사.
최호윤(2007), 『사회복지 프로그램개발과 평가』, 21세기사.
통계청, 『도시가계연보』, 연간.
통계청, 『한국의 사회지표』, 연간.
한국문화관광정책연구원 옮김(1994), 『문화교육을 위한 개념』.
한국문화관광정책연구원(2004), 『문화예술교육 중장기 발전방안 연구』.
한국문화예술교육진흥원(2006), 2005년도 예술강사 지원사업(국악강사풀제) 수요자 만족도 조사결과보고서.
한국문화예술교육진흥원(2006), 2006사회취약계층 문화예술교육 지원사업 평가편람.
한국문화예술교육진흥원(2006), 『문화예술교육 드넓은 바다를 서핑하다』.
한숭희(2006), 『평생교육론: 평생학습사회의 교육학』, 학지사.
황준욱 외(2005), 『문화예술인력정책 기반구축을 위한 기초연구』, 문화관광부.
Alter C.F.(2000), "Interorganizational Collaboration in the Task Environment," in Patti R.J. ed.(2000), "*The Handbook of Social Welfare Management*," Sage Publications, Inc.
Arts Council of England. (2000). "*From Policy to Partnership: Developing the Arts in Schools.*"
Arts Council of England, (2004), "*Artists working in partnership with schools.*"
Austin M.J. & Solomon J.R.,(2000), "*Managing the Planning Process*," in Patti R.J. ed.(2000), "*The Handbook of Social Welfare Management*," Sage Publications, Inc.
Australia Council for the Arts(2005), "*Education and the Arts Research Overview.*"
Berger A.A.(2000), "*Media and Communication Research Methods*," Sage.
Bradley, C.H.J. (1998). "*Mrs. Thatcher's Cultural Policies: 1979~1990.*" New York: Boulder.
Campass Partnership(1996), "*The Art of Flexibility: Art Centres in the 1990s.*"

Chong D.(2002), *Arts Management*, Routlage.

Creative Partnerships(2006), *Building Creative Partnerships: a Handbook for Schools* (www.creative-partnerships.com)

Creative Partnerships(2006), *The Creativity Self Evaluation Form*(C-SEF)

Dean J., Goodlad R., Hamilton C. (2001), *Toolkit for Evaluating Arts Projects in Social Inclusion Areas*, The Scottish Arts Council

DiMaggio P.(1987), "Nonprofit Organization in the Production and Distribution of Culture," in Powell W.W ed., "*The Nonprofit Sector : A Reserach Handbook.*"

Felicity Woolf. (1999). "*Partnerships for Learning: A Guide to Evaluating Arts Education Projects.*" Arts Council of England.

Furniss M. (1998). "*Art in Motion: Animation Aesthetics.*" John Libbey & Company.

Geddes M.(2005), "*Making Public Private Partnerships Work: Building Relationships and Understanding Cultures,*" Gower.

Gray, B.(1985), Conditions Facilitating Interorganizational Collaboration, *Human Relations*, Vol.39, No.10.

Harvard Business School Press (2006), *The Essentials of Project Management.*

Hall R.H.(1991), "*Organizations: Structures, Processes, and Outcomes,*" Prentice-Hall Interntional Editions, 217에서 재인용. Aldrich, H.E.(1979), "*Organizations and Environments,*" Englewood Cliffs, NJ : Prentice Hall.

Hall R.H. (1991), "*Organizations: Structures, Processes, and Outcomes,*" Prentice-Hall Interntional Editions, 218.

Hunter M.A.(2005), "*Education and the Arts Research Overview,*" The Australia Council for the Arts.

Hutchison R. & Feist A.(1991). "*Amateur Arts in the UK.*" Policy Studies Institute.

Jae Moon, M.(2001), "Cultural Governance: A Comparative Study of Three Cultural Districts." "*Administration & Society.*" Vol.33, No.4.

Jermyn(2001), The Art of Inclusion, Arts Council of England.

Kolb, B.M.(2000), "*Marketing Cultural Organizations,*" Dublin: Oak Tree Press.

Langsted J.(1990), "Double Strategies in a Modern Cultural Policy," *The Journal of Arts Management and Law*, Vol.4, No.4.

Lane, J.(1978), "Arts Centres: Every Town Should Have One," Paul Elek Ltd. Mandell, Myrna P., and Toddi A.Steelman, 2003, Understanding What can be Accomplished through Interorganizational Innovations" : The Importance of Typologies, Context, and Management Stategies, "*Public Management Review.*" Vol.5, No.2.

Lave, J. & Wenger, E.(1991), "*Situated Learning : Legitimate Peripheral Participation,*" Cambridge University Press.

Martin(1998), "*International Encycolpedia of Public Policy and Administration.*"

McQuaid R.W.(2000), "The theory of partnership: Why have partnerships?" in Osborne S.P. (ed), *Public-Private Partnerships: Theory and Practice in. International Perspective*, Routledge.

Mullins L.J.(1999), "*Management and Organisational Behaviour,*" Financial Times.

National Endowment for the Arts,(2000), Learning through the Arts: A Guide to the National Endowment for the Arts and Arts Education.

Negus K. and Pickering M. (2000). "Creativity and Cultural Production" *International Journal of Cultural Policy.* Vol.6, No.2.

O' Connell A.,(1999), "Strategic Planning and the Arts Organization," Fitzgibbon M. & Kelly A.(eds), "*From Maestro to Manager,*" Oak Tree Press.

Osborne S.P.ed.(2000), *Public-Private Partnerships: Theory and Practice in International Perspective,* Routledge.

Patti R.J.ed.(2000), "*The Handbook of Social Welfare Management,*" Sage Publications, Inc.

Rhodes R.A.W. (1997). "*Understanding Governance. Buckingham*" : Open University Press.

Ross K. & Osborne S.P.(1999), "Making a reality of Community Governance : Structuring Government-Voluntary Sector Relationships at the Local Level," "*Public Policy and Administration,*" Vol.14, No.2, pp. 49~61.

Salamon L.M.(1987), "Partners in Public Service: The Scope and Theory of Government-Nonprofit Relations," in Powell W.W ed., "*The Nonprofit Sector : A Reserach Handbook,*" pp. 99~117.

Schmid H.(2000), "Agency-Environment Relations: Understanding Task

Environments," in Patti Smith, P. (2001). "*Cultural Theory.*" Oxford: Blackwell Publishers Inc.

Scott L.(1999), "Networks: New Tools for Innovation and Exploration," in Fitzgibbon M & Anne Kelly, *From Maestro to Manager: Critical Issues in Arts and Culture Management*, Oak Tree Press.

Skelcher C.(2005), "Public-Private Partnerships and Hybridity," in Ferlie E.(eds), *The Oxford Handbook of Public Management*, Oxford University Press.

Thomson A.M. & Perry J.L.(2006), "Collaboration Processes: Inside the Black Box," *Public Administration Review*, December, Special Issue.

Throsby, D. (2001). *Economics and Culture.* Cambridge: The Press Syndicate of the University of Cambridge.

Watanabe H.(2005), "Changing adult learning in Japan," *Interanational Journal of Lifelong Education*, Vol.24, No.3.

Wood, Donna, and Barbara Gray.(1991), "Toward a Comprehensive Theory of Collaboration," *Journal of Applied Behavioral Science* Vol.27, No.2.

www.creative-partnerships,com/csef

www.ncaction.org.uk/creativity

| 저자소개 |

서울대학교 사회학과를 졸업하고, 행정대학원에서 행정학(준정부조직론 분야)을 전공하였으며(Ph.D), 현재 가톨릭대학교 디지털미디어학부에서 문화콘텐츠 전공교수로 활동하고 있다. 문화관광부의 한국문화콘텐츠진흥원과 한국문화관광연구원에서 근무하였으며, 영국의 Warwick대학교 Centre for Cultural Policy Studies에서 객원연구원으로 활동한 바 있다. 그리고 최근에는 문화관광부 정책자문위원, 경기디지털콘텐츠진흥원 이사, 한국만화애니메이션학회 정책이사, 한국예술경영학회 학술이사 등을 맡고 있다.

주요 관심분야로는 문화콘텐츠산업, 문화정책, 문화예술교육정책, 지역문화 등이며, 저서로는 『창의적 문화사회와 문화정책』(2003)이 있다. 문화예술교육정책과 관련하여 2005년에 '학교와 지역사회연계 문화예술교육사업 평가' 연구사업, 2006년에 '사회취약계층 문화예술교육사업 평가' 연구사업에 연구책임자로 참여한 바 있으며, 현재 한국문화예술교육진흥원 문화예술교육포럼 운영위원으로 활동하고 있다.

주요 연구업적으로는 "The Issue of Cultural Identity and its impacts on the Cultural Policy in Korea"(2002), '문화예술교육프로그램의 파트너십 구축요인에 관한 연구: 학교와 지역사회 연계 문화예술교육사업을 중심으로(2006), "지역기반 문화콘텐츠 학습프로그램의 문화거버넌스 모델 개발에 관한 연구"(2006), "우리 문화원형 디지털콘텐츠 사업의 산업적 활용도 증진을 위한 정책방안 개발: 애니메이션산업을 중심으로"(2006) 등이 있다.